黃鴻中──作者　　編者──

NBA 75 LEGENDS

用圖看懂改變NBA的偉大球員
和其神射技的精采瞬間

NBA 名人堂
75

作者序／紀坪

看懂NBA史上傳奇75大神兵

NBA在2021-2022球季邁向75週年，更挑選出了75大球星。而這本書，則在這75週年的盛會中，以NBA神兵為題，選出了NBA史上最具代表性的75大神兵。

在這75年的每一個年代中，都有著屬於各時代的「傳奇球星」，而這些球星能夠在場上叱吒風雲、建立不巧戰功，憑藉的正是屬於他們畫時代的「傳奇神兵」。

1950年代，喬治‧麥肯（George Mikan）用他的「天頂封蓋」之力，橫掃了當代所有的競爭對手，在其前八年的職業生涯中，就壓倒性地奪下七次總冠軍。

1960年代，威爾特‧張伯倫（Wilt Chamberlain）手握最強之矛「摘星拱月」，締造了無數後人難以超越的個人紀錄；比爾‧羅素（Bill Russell）手持無敵之盾「反擊阻攻」，打造了史上最長的七連霸及十一次總冠軍團隊紀錄。

1970年代，卡里姆‧阿布都—賈霸（Kareem Abdul-Jabbar）在NBA以「天勾」禁區絕技，砍進了史上最高的總得分及六次MVP頭銜；朱利葉斯‧爾文（Julius Erving）在ABA以「拉桿上籃」空中美技，開始將籃球比賽從地面上拉到了天空中。

1980年代，賴瑞‧柏德（Larry Bird）以「百步穿楊」的三分神射在東區稱王；魔術強森（Magic Johnson）以「聲東擊西」的助攻魔力在西區稱霸，

兩人的東西分庭抗禮，不但將球賽提升到一個新的高度，更寫下無數次的經典對決戰役。

1990年代，麥可‧喬丹（Michael Jordan）以一招「後仰跳投」，砍進史上最多的十次得分王頭銜，更率領公牛隊完成了兩次三連霸，讓籃球魅力風靡了全世界，創造前所未有的籃球盛世。

2000年後，俠客‧歐尼爾（Shaquille O'Neal）以「俠客轟炸」的無解禁區力，與柯比‧布萊恩（Kobe Bryant）「靈蛇出洞」的刁鑽殺傷力，聯手在湖人隊完成了三連霸。提姆‧鄧肯（Tim Duncan）則以樸實無華的「45度角擦板」將馬刺隊建構為五冠長勝軍。

2010年後，雷霸龍‧詹姆斯（LeBron James）以「探步壓境」的全能之力攻城略地，打破了無數的歷史紀錄，開啟了籃球新篇章。史蒂芬‧柯瑞（Stephen Curry）則以「Logo Shot」的三分神技，打破了無數的籃球定律，開啟了大三分時代。

每一招神兵的破土及問世，都是球星集天賦、大腦及領域技能精鍊而成，讓NBA浩瀚的戰國史得以群星爭輝，寫下一篇篇不朽的神兵傳奇。

這本書將NBA史上最具影響力、乃至改變了NBA球賽規則的神兵挑選出來，這些招式幾乎都融合入現今的籃球基本功了，也希望透過本書，可以讓球迷在觀賞球賽之際，多些趣味性，多些話題性。

繪者序／黃敬中

NBA豐厚歷史下的某一瞬間

「那些你所逃避的,終將以某種形式回到你的身邊。」

忘了在哪裡聽過這句話,真心覺得很有道理。2012年剛開啟我的籃球插畫生涯時,心裡想著:「應該要出一本圖文書,介紹NBA球星的所有招式。」自己也滿腔熱血地試畫了好幾篇內容,滿心期待地投稿給幾位編輯前輩及出版社。但在那個時間點,電子書逐步擴展、線上內容平台百花齊放,傳統出版業則瀰漫著一股悲觀的氣息,前輩都勸我不要在這個時機點出版紙本書,且投稿出版社的結果也石沉大海。可能當時對自己的信心也還不夠堅定,沒有鐵了心腸執行這件事,就這樣放了下來,試畫的畫稿則埋在電腦深處的資料夾內。

當然,畫著心愛的籃球及NBA球員,依然帶著我經歷了許多有趣的冒險。曾因為插畫創作,而有機會面對面接觸怪蟲羅德曼、大鏢客皮朋、滑翔翼崔斯勒、手套裴頓、白巧克力傑森‧威廉斯、甜瓜、克里斯‧保羅、野獸葛里芬、達米安‧里拉德、林書豪,以及我大學時期最愛的地板型後衛嗆西畢辣普斯,這些做夢都想不到的見面場景,都在我的畫筆帶領下,一一實現了。很感謝當時的活動主辦及運動圈的好朋友在各自領域中努力耕耘,讓我這樣偏「文」的運動弱雞,也能有機會參與到精采賽事及體育活動。

時間來到2021年,已經放下插畫畫筆多年、轉身投往藝術創作及公共藝術工程的我,收到了一封郵件,來自編輯偉嘉及作家紀坪兩位出版業前輩的

熱情邀約，希望以NBA 75週年為背景，畫出75位NBA球星的拿手絕招。原本還想著要回覆：「很久沒畫、沒手感、沒時間。」等等的理由推辭，但突然像是一陣雷打到了頭頂，想起了那個十年前年輕的自己，以及沒有完成的願望。

所以，不再逃避了，曾經許下的夢想與心願，不是沒有機會達成，也許只是條件還沒齊全或機運未到，在未來總會以某種形式回到我們的身邊。

這本書為了精準地捕捉球星的身形、動作、表情等特質，大量參考了影片及照片，再透過個人風格的插畫方式，向讀者展示每位球星的獨特之處，以及NBA豐厚歷史積累下的某一瞬間，搭配作者紀坪生動的文字內容，希望能讓讀者有所共鳴，並延續NBA賽場上那份屬於自己的感動。

目次

第一部——中距投籃

元祖跳投 喬‧福爾克斯

Joe Fulks ／ 1946-54 ／ 大前鋒 ／ 6'5" ／ 190lb

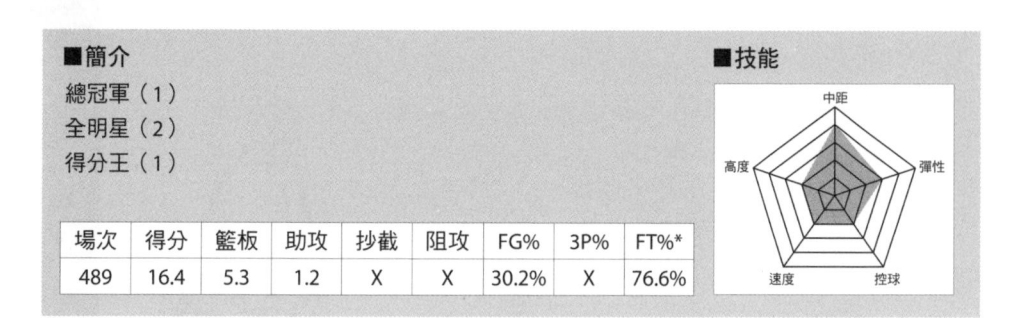

■簡介

總冠軍（1）
全明星（2）
得分王（1）

場次	得分	籃板	助攻	抄截	阻攻	FG%	3P%	FT%*
489	16.4	5.3	1.2	X	X	30.2%	X	76.6%

■技能

中距

高度　彈性

速度　控球

多數人在剛開始接觸籃球時，投籃不是採用單手丟出，就是採用雙手平堆的方式投出，這樣的投籃方式，雙腳通常不會離開地面太遠的距離。

NBA的前身BAA創立於1946年，事實上，在BAA／NBA職業聯盟的初期，多數球員的投籃姿勢，也多是採用這種不太成熟的方式出手，那可說是一個籃球技術草創的拓荒時期。

對於投籃方式，當時的球員都有的一個共識，就是為了出手的穩定，也為了攻守時的反應空間及時間，雙腳不應該隨便離開地面。

當時卻有一位綽號為「Jumping」的球員，不將這套法則奉為圭臬，而是在每次出手時憑藉著自己優異的彈性，雙腿遠遠地跳離地面後，直至最高點再出手，這招發展到了現在被稱為「跳投」。

跳投要投的好，重點在於球員的彈性及空中出手的穩定性，喬‧福爾克斯擁有能夠在空中維持穩定出手的天賦，利用跳投創造投籃空間及時間，更大大降低了防守者的干擾。因為當時沒有人能夠跳得比他高，因此，想守住喬‧福爾克斯成了相當艱鉅的任務，只能期待他自己沒瞄好。

BAA／NBA的第一個球季1946-47，喬‧福爾克斯以平均23.2分拿下NBA
史上的第一個得分王、更率領勇士隊拿下NBA史上第一個總冠軍，可說是
NBA開天闢地以來的第一個明星球員。而他當時所使用的跳投，如今以已
成為籃球技術的基礎，更成為每一個球員的必修學分。

* FG%＝投籃命中率，3P%＝3分球命中率，FT%＝罰球命中率。

背框跳投 奧斯卡·羅伯森

Oscar Robertson ／ 1960-74 ／ 控球後衛 ／ 6'5" ／ 205lb

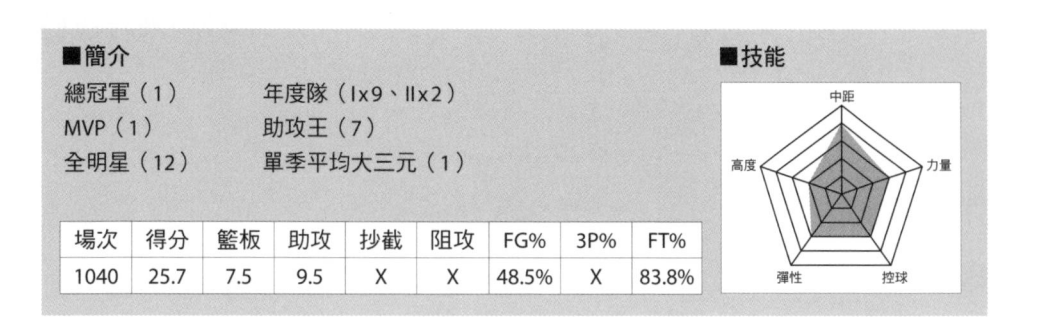

■簡介

總冠軍（1）	年度隊（Ix9、IIx2）
MVP（1）	助攻王（7）
全明星（12）	單季平均大三元（1）

■技能

場次	得分	籃板	助攻	抄截	阻攻	FG%	3P%	FT%
1040	25.7	7.5	9.5	X	X	48.5%	X	83.8%

傳統控球後衛這個位置，被認為應以組織球隊為首務，主打控球後衛的奧斯卡·羅伯森卻從不將自己的任務侷限於此。1960-61是奧斯卡·羅伯森的第一個NBA球季，他繳出了一份30.5分、10.1籃板、9.7助攻的可怕數據，完全顛覆了人們對於傳統後衛的概念，在當時被視為一個完全的異類。

他以6呎5吋的身高搭配上強壯的體魄，從得分、籃板到助攻無一不精，不僅帶給對手極大的困擾，更為籃球世界帶來了革命性的全新視野。

奧斯卡·羅伯森是最早將「背框」技巧運用得最為純熟又最具有破壞力的一人，他的運球及得分並無太多花俏的動作，僅僅是以優越的體格及技巧背框護球，並抓住一瞬間的時機，帶球殺入對手核心地帶後，選擇拔起跳投或是壓入禁區上籃。就是這樣幾招簡單的功夫，創造出他不可思議的球場主宰力。

他的「背框跳投」，讓同位置沒有他高又沒有他壯的對手吃足了苦頭，當時的對手曾經這麼形容奧斯卡·羅伯森：「如果你給他12呎的投籃空間，他就不斷壓迫對手直到10呎才出手；若你給了他6呎，他就要你4呎。如果防守空間只剩2呎呢？是的，他將直接在你的頭上將球放入籃框。」

他擁有該時代最全面的球賽影響力，1961-62賽季，對於奧斯卡‧羅伯森及籃球歷史都是一個不平凡的球季，他在這個球季完成了每場平均30.8分、11.4助攻及12.5籃板的平均大三元數據，這樣的鬼神數據，整整超過五十年以上的歷史，再沒有第二人能夠做到。

急停跳投　傑瑞・衛斯特

Jerry West ／ 1960-74 ／得分後衛／ 6'3" ／ 175lb

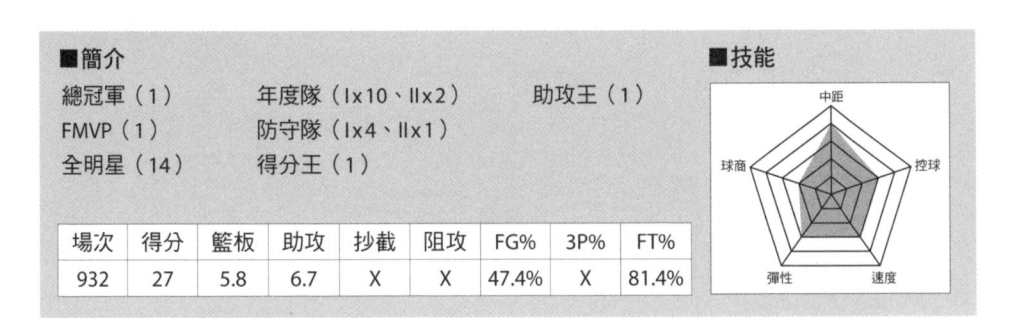

■簡介

總冠軍（1）　　　年度隊（Ix10、IIx2）　　　助攻王（1）

FMVP（1）　　　防守隊（Ix4、IIx1）

全明星（14）　　　得分王（1）

場次	得分	籃板	助攻	抄截	阻攻	FG%	3P%	FT%
932	27	5.8	6.7	X	X	47.4%	X	81.4%

■技能

中距
球商
控球
彈性
速度

在三分線尚未問世的年代，球員們每一次的出手，都是習慣盡可能地接近籃框後才肯將球投出，對他們而言，在遠離了禁區後，根本就不是能夠出手得分的距離。此時卻有一位球員打破了這一固有觀念，即使當時並無三分線，他卻已經能夠從現代籃球的三分線外出手，更有相當優異的命中率，他是「MR.Clutch」，傑瑞・衛斯特！

傑瑞・衛斯特是一個雙能衛，他不但能夠作為球隊的組織人物，還能擔任起球隊主要的得分箭頭，更是少數曾經拿下得分王及助攻王的球星。

急停跳投講究急停的時間點，以及跳投時的把握性，而這兩項傑瑞・衛斯特幾乎都能做到最好。傑瑞・衛斯特擁有優異的控球及跳投技巧，往往能夠在運球的行進間，在對手尚不及反應前，就拔起跳投出手，讓防守者防不勝防。

1969年的總冠軍第七戰中，傑瑞・衛斯特繳出了42分、13籃板、12助攻的超級大三元，系列賽七場比賽下來，他不斷發揮他的急停跳投功夫，最後整個系列賽的平均得分更是高達38分，即使最後仍然無緣冠軍，這種神乎其技的表現，卻也使他被選為當年總冠軍賽的FMVP，是史上唯一獲得此一獎

項的非冠軍隊成員。

傑瑞·衛斯特的運球動作被認為是 NBA LOGO 的設計原型，他是個冷靜且具有強大抗壓力的射手，在勝敗的關鍵時刻往往更能發揮他的跳投功夫，因此有了「關鍵先生」的美名，而其「急停跳投」這門絕技，更是屢屢發揮於每一個重要的決勝關鍵時刻中。

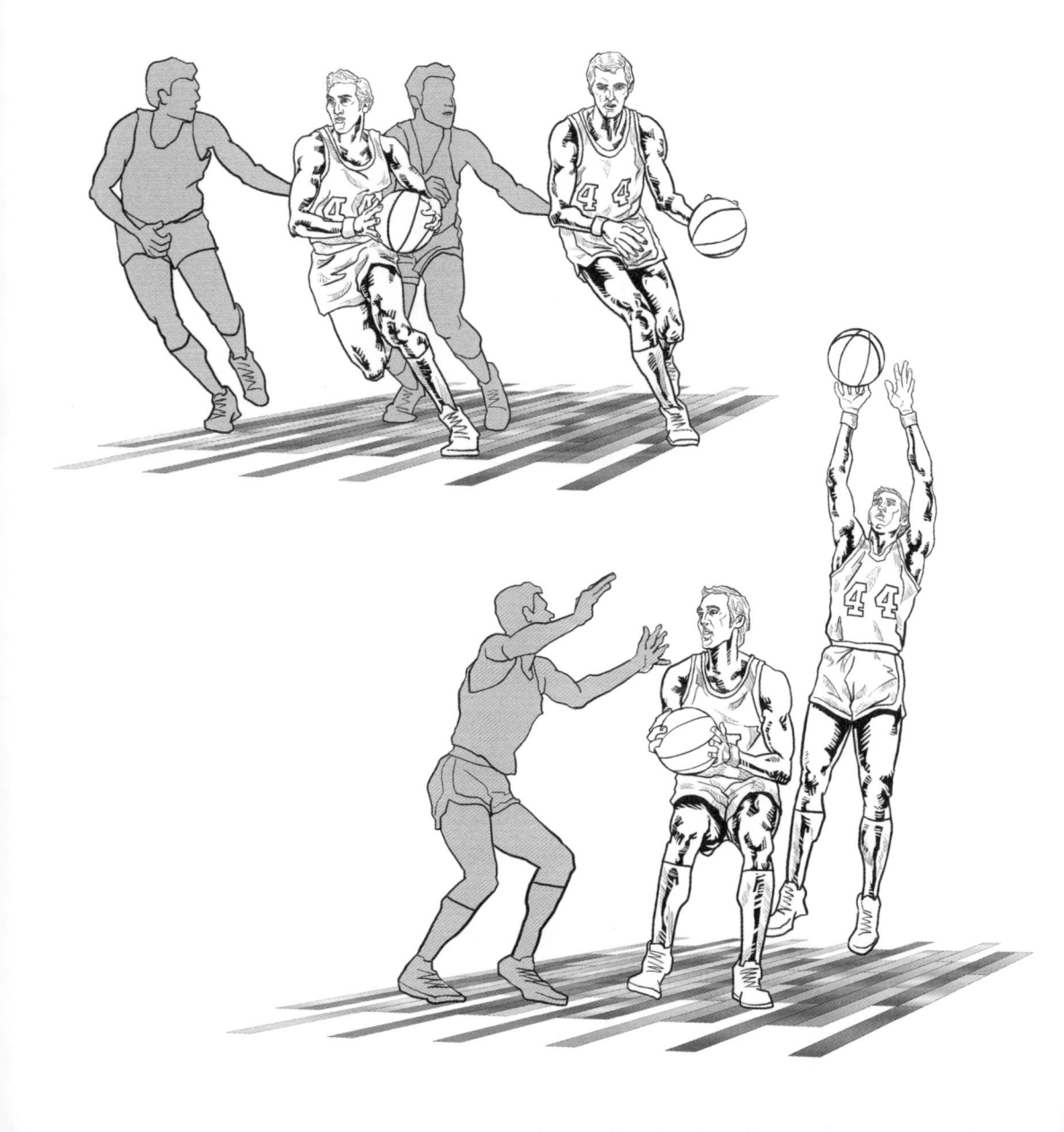

蹲馬罰球　瑞克・貝瑞

Rick Barry ／ 1965-80 ／小前鋒／ 6'7" ／ 205lb

■簡介

總冠軍（1）	全明星（ABAx4、NBAx8）	抄截王（1）
FMVP（1）	年度隊（Ix5、IIx1）	
得分王（1）	ABA第一隊（4）	

■技能

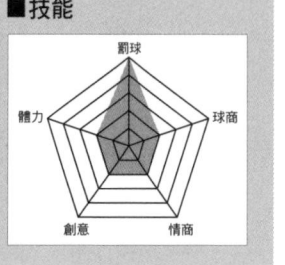

場次	得分	籃板	助攻	抄截	阻攻	FG%	3P%	FT%
1020	24.8	6.7	4.9	2	0.5	46%	X	89.3%

在美國籃球的歷史中，NCAA為大學籃球的最高殿堂，而在1970年代前後，職業籃球則分成了ABA及NBA兩大聯盟，直到後來才正式合併為如今的NBA。而史上唯一能夠在NCAA、ABA及NBA三大聯盟都拿到得分王殊榮的球員只有一位，他是瑞克・貝瑞。

瑞克・貝瑞的得分能力無庸置疑，然而他最讓人印象深刻的，莫過於他有一手極為怪異的罰球方式，以半蹲馬步的姿勢，將球由下往上拋出，最讓人難以置信的是，這種怪異的罰球姿勢，卻有著極為卓越的命中率，曾經六個球季的罰球命中率都高居全聯盟之首。

瑞克・貝瑞是少數能夠以一己之力改變戰局的球星。1975年，他帶領著球隊一路殺進總冠軍，更以30.6分的系列賽平均得分，直落四一路壓著對方打奪得了總冠軍。瑞克・貝瑞的進攻能力卓越，帶給對手極大的防守壓力，因此也造就了他許多的罰球機會。

然而，瑞克・貝瑞的「蹲馬罰球」，卻為對手帶了另一個極大困擾，因為瑞克・貝瑞有著近九成的生涯罰球命中率，甚至曾經達成單季97%的可怕罰球紀錄，這樣神準的罰球，讓對方在防守他時更加的忌憚，因為送瑞克・貝瑞

上罰球線，就像是將分數親手掛上了對手計分板一樣。

井上雄彥膾炙人口的作品《灌籃高手》中的主角櫻木花道，原先是個完全不
會罰球的籃球門外漢，卻在一場比賽中，自己摸索出這種與瑞克‧貝瑞相同
的蹲馬桶罰球方式，克服了在罰球線上的致命破綻。或許在籃球罰球的技巧
中，這種怪異又不美觀的蹲馬桶罰球方式，才是最自然又最具原始力量的罰
球動作吧。

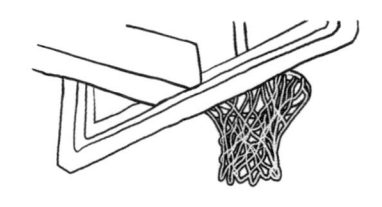

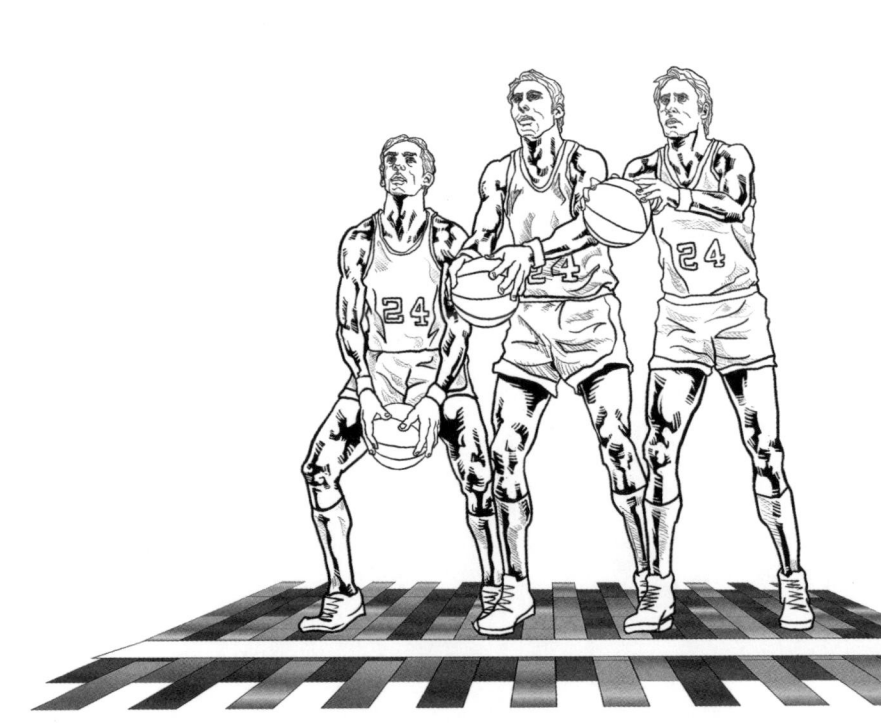

後仰跳投 麥可·喬丹

Michael Jordan ／ 1984-2003 ／得分後衛／ 6'6" ／ 198lb

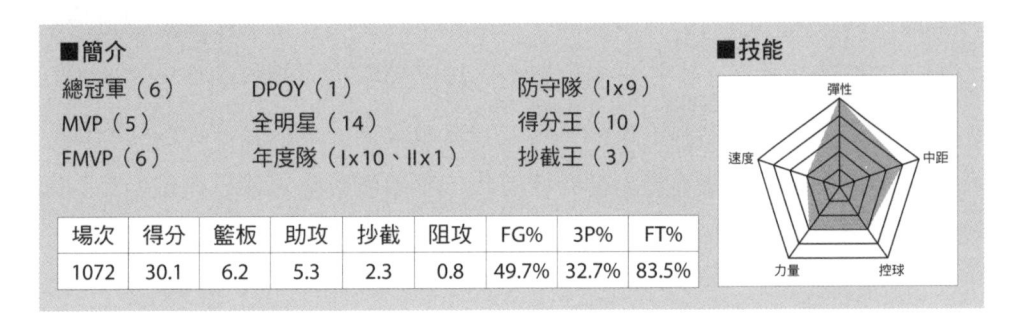

■簡介

總冠軍（6）	DPOY（1）	防守隊（Ix9）
MVP（5）	全明星（14）	得分王（10）
FMVP（6）	年度隊（Ix10、IIx1）	抄截王（3）

場次	得分	籃板	助攻	抄截	阻攻	FG%	3P%	FT%
1072	30.1	6.2	5.3	2.3	0.8	49.7%	32.7%	83.5%

■技能

麥可·喬丹擁有史上最高的平均得分及十次得分王的頭銜，不但被認為是史上最偉大的球員，更同時是史上最可怕的得分兵器，而伴隨這些偉大得分紀錄的，便是這招「後仰跳投」絕技。

麥可·喬丹有著與生俱來過人的彈性及爆發力，更有著異於常人的極低體脂肪比，在與一般鋒衛的對決上，一向有著壓倒性的體能優勢，一對一的防守根本無法阻擋住他。因此，當麥可·喬丹啟動腳步準備得分時，往往會吸引對手的包夾伺候，於是，麥可·喬丹練就了這招後仰跳投來破解對手的包夾防守。

跳投是籃球的入門功，幾乎人人都會來上一手；但難度更高的後仰跳投，史上並無人能出麥可·喬丹其右。麥可·喬丹的後仰跳投多以45度角為啟動點，以應付來自不同方向的防守者，他慣以背框方式要球後，先來幾個後躺動作取得與防守者間的作戰空間，再加入左右虛晃動作來奪走防守者重心，一下球後立刻翻身向後躍起出手。優異的彈性加上不可思議的滯空時間，讓此招幾乎無法封阻，加上麥可·喬丹有著犀利的切入威脅性，從切入後的煞車、反方向跨步翻身後，又是一個後仰跳投。就是這樣的幾招變化，讓防守者只能帶著絕望的目光，看著麥可·喬丹一次又一次的破網進球。

麥可‧喬丹的後仰跳投，以過人的彈性及爆發力啟動，在起跳後雙腳前後張開，增加了落下的阻力，因此有著極強的滯空力，防守者並無麥可‧喬丹的滯空能力，因此往往先行被地心引力給帶走，此時尚在半空中的麥可‧喬丹就能從容出手投籃。麥可‧喬丹用這招後仰跳投打下十餘載的豐功偉業，寫下不朽的神兵傳奇。

靈蛇出洞　柯比・布萊恩

Kobe Bryant ／ 1996-2016 ／得分後衛／ 6'6" ／ 212lb

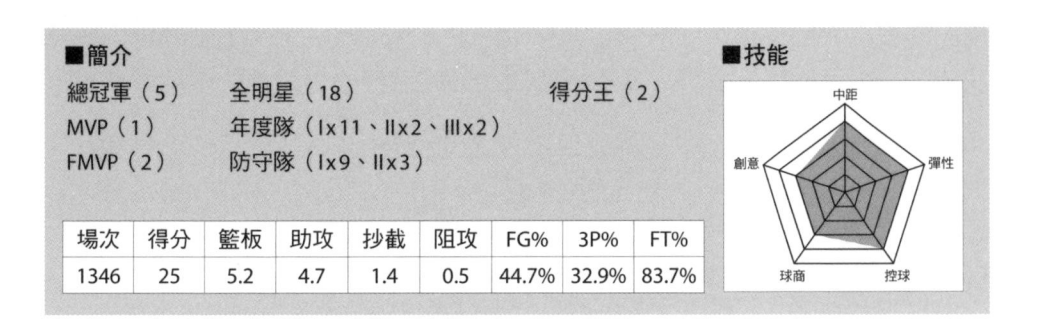

■簡介

總冠軍（5）	全明星（18）					得分王（2）		
MVP（1）	年度隊（Ⅰx11、Ⅱx2、Ⅲx2）							
FMVP（2）	防守隊（Ⅰx9、Ⅱx3）							

場次	得分	籃板	助攻	抄截	阻攻	FG%	3P%	FT%
1346	25	5.2	4.7	1.4	0.5	44.7%	32.9%	83.7%

■技能

（雷達圖：中距、彈性、控球、球商、創意）

黑曼巴是世界上移動速度最快的毒蛇，更可怕的是，黑曼巴即使在快速移動時也有著極高的攻擊準確度。而以黑曼巴為名號的柯比・布萊恩同樣具有這些特質，他不但充滿了致命的攻擊火力，更有著NBA近五十年來最可怕的單場81分表現！

柯比・布萊恩曾表示，自己從小就喜歡模仿歷代球星的招牌絕招，麥可・喬丹的「後仰跳投」是柯比・布萊恩最主要的學習技能之一。除此之外，柯比・布萊恩更曾向哈基姆・歐拉朱旺（Hakeem Olajuwon）拜師學習「夢幻步法」的訣竅。融會貫通後，柯比・布萊恩練就了屬於自己的神兵絕技「靈蛇出洞」。

柯比・布萊恩最主要的得分方式，是以其猶如毒蛇般的犀利節奏，搭配多變的步法驅動，從一個難以預測的角度及位置中竄出跳投。相較於其他人的跳投，柯比・布萊恩的跳投有著殺氣十足的氣勢，更有如萬馬奔騰的力道與強悍節奏。從其出手前的虛晃到瞬間的轉身踏步動作，再配合其純熟的運球及腰力，使他的跳投猶如靈蛇出洞般多變、犀利且致命。往往看到防守者緊貼著柯比・布萊恩，而他只要一個擺頭吐舌加上一個假晃，就能讓防守者失去重心，更能瞬間作出甩尾的動作，從一個讓人意想不到的重心及角度中鑽出

出手得分，讓對手難以有效鉗制。

起跳後在空中移動時，出手的力道往往僅能憑著自己的感覺，加上身為球隊主將，其面對的推擠及干擾幾乎為全場之最。然而，柯比‧布萊恩就是能以此招破解對手的防線。擁有歷史次高之單場81分的柯比‧布萊恩，無疑是繼麥可‧喬丹之後，最可怕的王牌殺手。

旱地拔蔥　崔西·麥葛瑞迪

Tracy McGrady ／ 1997-2012 ／得分後衛／ 6'8" ／ 210lb

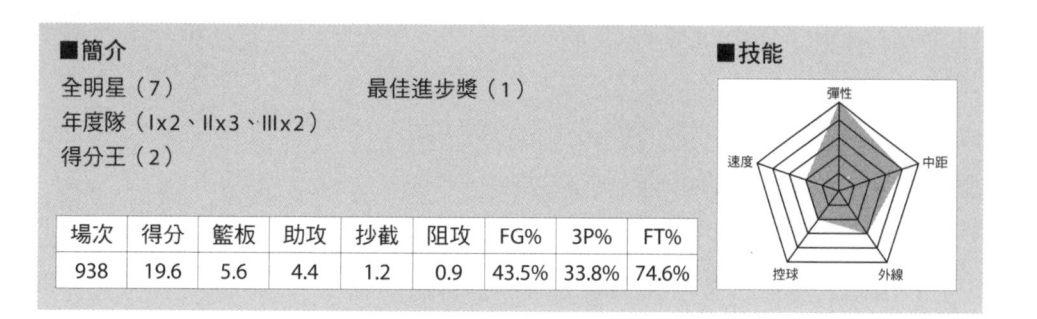

■簡介

全明星（7）　　　　　　最佳進步獎（1）
年度隊（Ix2、IIx3、IIIx2）
得分王（2）

場次	得分	籃板	助攻	抄截	阻攻	FG%	3P%	FT%
938	19.6	5.6	4.4	1.2	0.9	43.5%	33.8%	74.6%

■技能

彈性　中距　外線　控球　速度

2004年12月9日，崔西·麥葛瑞迪率領的火箭隊對上了當年的總冠軍隊馬刺，到了終場前的35秒，火箭隊尚落後8分，這樣的比數及時間，可說這場比賽勝負已定，該進入垃圾時間了。

此時，神奇的事情發生了，崔西·麥葛瑞迪在這35秒的時間內，連投帶罰、彈無虛發連續砍進了13分，完成了這項不可能的逆轉任務，要知道，對手並非泛泛之輩，而是以防守見長的冠軍球隊。

這35秒又有人戲稱是崔西·麥葛瑞迪向老天借來的35秒，讓他暫時得以扮演球隊的救世主。而這35秒崔西·麥葛瑞迪的每一記出手，都是以他的招牌絕招「旱地拔蔥」來完成，在直接運球過半場後，就在防守球員位置未失去的情況下，直接拔起在防守者頭上出手。

崔西·麥葛瑞迪有著6呎8吋的身高，同時又有著優異彈性及極快的第一步，進攻時並不需要透過繁複的運球及背框動作來甩開對手，經常是在面框進攻的情況下，一個簡單的切入後，就以瞬間的彈速及彈性躍升至半空後出手。崔西·麥葛瑞迪的旱地拔蔥，讓防守者就算知道他想幹什麼，也不太可能跳至跟他一樣高的空域去封阻。

他的老對手柯比‧布萊恩就曾多次表示，全盛時期的崔西‧麥葛瑞迪是他生涯遇過最難防守的球員。

由於傷病的關係，崔西‧麥葛瑞迪的生涯顛峰期不算太長，但這招旱地拔蔥的神兵絕技，也為他掙得了兩次得分王的寶座，不塊為當代最佳得分王之一。

金雞獨立 德克・諾威斯基

Dirk Nowitzki ／ 1998-2019 ／大前鋒／ 7'0" ／ 245lb

■簡介

總冠軍（1）	全明星（14）	年度隊（Ix4、IIx5、IIIx3）
MVP（1）	50-40-90（1）	世界籃球錦標賽MVP（1）
FMVP（1）		歐洲籃球錦標賽MVP（1）

場次	得分	籃板	助攻	抄截	阻攻	FG%	3P%	FT%
1522	20.7	7.5	2.4	0.8	0.8	47.1%	38.0%	87.9%

■技能

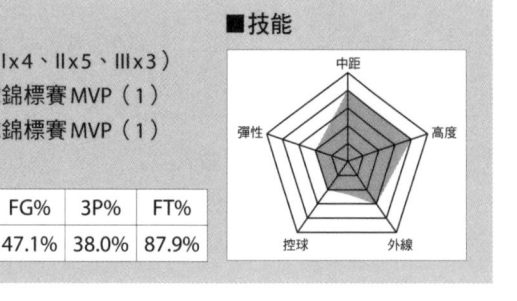

德克・諾威斯基被譽為史上最強的歐洲球員，更是唯一曾同時獲得年度MVP及總冠軍MVP的歐陸球星。

以禁區歐陸球員而言，德克・諾威斯基並沒有像阿維達斯・沙波尼斯（Arvydas Sabonis）或弗拉德・迪瓦茨（Vlade Divac）等居中策應的傳球悟性，亦沒有像保羅・蓋索（Pau Gasol）及路易斯・斯科拉（Luis Scola）的禁區單打技巧，但他卻是NBA籃球史上歐陸球星中最難防守且成就最高的一個，靠的便是他這招不甚美觀的絕技「金雞獨立」式的跳投。

德克・諾威斯基在16歲青年少時期，就已摸索並練就了此一絕技，以單腳著地、另一腳騰空抬起的出手方式投籃得分，從此開始，這招金雞獨立投籃，就成為其在球場上克敵制勝的必殺絕技。

防守者通常會想盡法子來干擾德克・諾威斯基的出手，並嘗試逼德克・諾威斯基作出一些略顯難看、且感覺不易瞄準也不好施力的投籃動作。然而，對德克・諾威斯基而言，這些不太自然的投籃動作，卻可能是他最如魚得水的出手方式，因為即使在練球時，他也是這樣的一個出手方式。

於2002-03球季開打前,德克‧諾威斯基被所有球隊的總經理評選為最佳國際球員,他也未曾辜負這一個美名。隨著經驗的積累,他的金雞獨立跳投愈來愈具破壞力,再搭配他7呎的身高及後仰動作,防守者極難觸及其出手路線,而他的球風及優質的出手手感,更成為許多球隊CEO在評估歐洲球員時的模板。

在經過十三年的奮戰後,2010-11球季,德克‧諾威斯基率領達拉斯小牛隊拿下隊史的第一座冠軍,成為NBA史上成就最高,且擁有最強神兵的歐陸球星。

卡梅羅・安東尼

Carmelo Anthony ／ 2003～／小前鋒／ 6'7" ／ 238lb

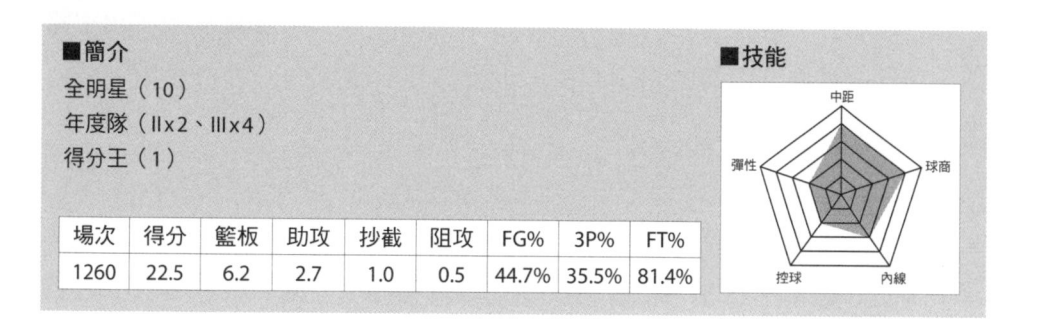

■簡介
全明星（10）
年度隊（Ⅱx2、Ⅲx4）
得分王（1）

■技能

場次	得分	籃板	助攻	抄截	阻攻	FG%	3P%	FT%
1260	22.5	6.2	2.7	1.0	0.5	44.7%	35.5%	81.4%

卡梅羅・安東尼在NCAA的第一年，就有著22.2分10.0籃板的傲人成績，更率領球隊在六十四強的錦標賽中，一路過關斬將拿到了全美的總冠軍，卡梅羅・安東尼理所當然地被選為當年的MOP（Most Outstanding Player），僅僅以一年的時間，卡梅羅・安東尼就稱霸了整個NCAA聯盟。

於是，卡梅羅・安東尼投身了2003-04年選秀大會，成為了NBA的超級新鮮人，挑戰最高的籃球殿堂。

從加入NBA的第一年開始，卡梅羅・安東尼的平均得分就從未少於20分，而奠定其強大火力的絕招，就是他這招幾乎毫無死角的「探步跳投」。

卡梅羅・安東尼有著強勢的進攻腳步，能夠強襲突破，從籃底到三分線都是他的進攻得分範圍。此外，最致命也最常被作為終結的技巧，絕對是他這招藉由探步及佯切創造空間後，瞬間拔起就砍的投射能力。

卡梅羅・安東尼並不算是個全能型的小前鋒，而更像是個純粹的得分兵器。他對於投籃時機的掌握及選擇極為優異，習慣以試探步後直接轉為突破，更能夠在任何一個時刻急停後，立刻拔起進行跳投。他以強壯的體魄發動跳

投，對手往往難以跟上他的瞬間出手速度，而只能眼睜睜看著他不斷地累積得分量。

這招看似基本的探步跳投，在卡梅羅・安東尼的操刀下，著實成為當代最可怕的得分兵器之一，也為卡梅羅・安東尼砍下了2013年的得分王殊榮。

James Harden ／ 2009～／得分後衛／ 6'5" ／ 220lb

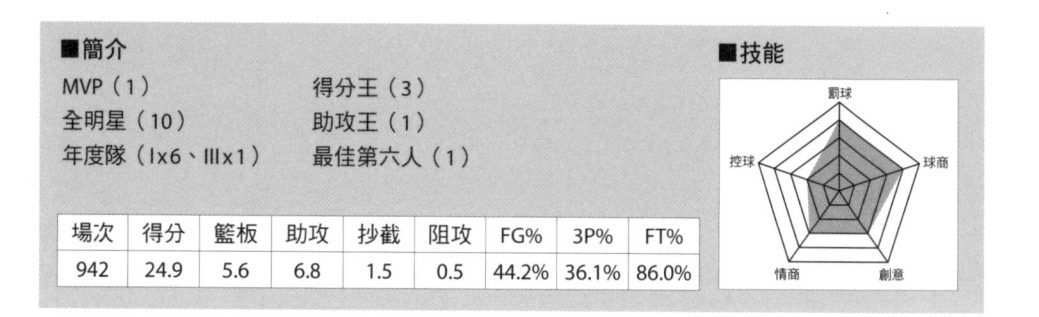

■簡介

MVP（1）　　　　　得分王（3）
全明星（10）　　　　助攻王（1）
年度隊（Ix6、IIIx1）　最佳第六人（1）

場次	得分	籃板	助攻	抄截	阻攻	FG%	3P%	FT%
942	24.9	5.6	6.8	1.5	0.5	44.2%	36.1%	86.0%

■技能

（罰球／球商／創意／情商／控球）

在詹姆士・哈登的高中時期，當時的教練不希望他侷限為一個定點射手，而是期許他成為一個能切、能投、能創造防守者麻煩的多元進攻者，於是就跟詹姆士・哈登打了個賭，如果他一場比賽能夠罰進六球以上，就能得到一個漢堡，如果沒做到，訓練量就得加倍，這個故事後來出現在《Sport Illustrated》的報導中。

因為這個契機，詹姆士・哈登悟出了不少能夠創造罰球機會的進攻方式，更將這項天賦帶到了NBA，成為NBA當代的罰球王。而最讓對手頭痛的，正是詹姆士・哈登這招「前仰跳投」絕技。

所謂的前仰跳投，就是在晃起對手後，主動往前跳靠到防守者身上賴犯規，即使有時候對手根本沒起跳，詹姆士·哈登也能找到一瞬間的機會，將手勾上防守者的手臂後前仰跳投，來創造站上罰球線的機會。

詹姆士·哈登曾有七個球季，拿下聯盟的罰球王，無論是在罰球數還是罰進數皆為全聯盟之首，這些在罰球線上的恐怖紀錄，皆為當代球星之最。

由於詹姆士·哈登的罰球數太過誇張，還曾有對位的防守者在防守他時，乾脆將原先用來防守的雙手放到了背後去，一來躲避「被」犯規，二來也對裁判進行了無聲的抗議。也有防守者是這麼評價他的：「防守詹姆士·哈登非常難，你不能去碰他。」

然而，詹姆士·哈登這種創造犯規的前仰跳投絕招，也確實是一種天賦，不但讓他成為罰球線上的王者，更為他帶來了三次得分王殊榮，也讓他成為引領新世代球風的招牌球星之一。

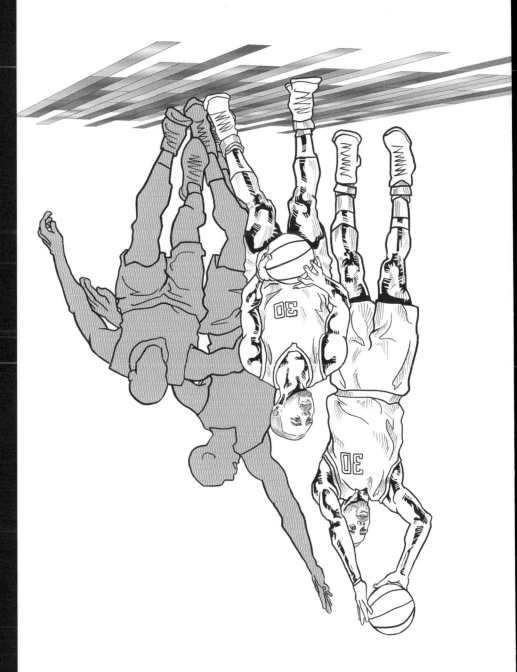

百步穿楊　賴瑞‧柏德

Larry Bird ／ 1979-92 ／小前鋒／ 6'9" ／ 220lb

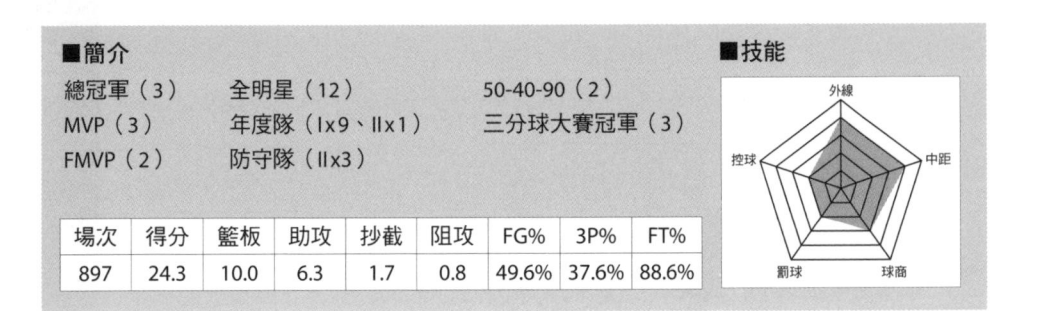

■簡介

總冠軍（3）	全明星（12）	50-40-90（2）
MVP（3）	年度隊（Ix9、IIx1）	三分球大賽冠軍（3）
FMVP（2）	防守隊（IIx3）	

■技能

外線　中距　球商　關球　控球

場次	得分	籃板	助攻	抄截	阻攻	FG%	3P%	FT%
897	24.3	10.0	6.3	1.7	0.8	49.6%	37.6%	88.6%

三分球最早源起於1961-63的美國籃球聯盟ABL，後來於1967年被ABA採用，直到1979-80賽季，NBA才正式將三分球的機制加入比賽中。這種新式的得分手段帶給籃球世界極大的影響，不但改變了籃球的戰術機制，更增加了決勝時刻的多元選擇。

然而，最初並沒有太多的球員能將三分球放入自己的武器庫，僅能作為必要時刻的進攻選擇。賴瑞‧柏德可說是真正將三分球發揚光大的第一人。投籃是籃球世界基本的動作之一，但要投得準、投得穩，又投得遠，就以賴瑞‧柏德「百步穿楊」的長射最讓人折服。

以身材及體能條件而言，跑不快跳不高的賴瑞‧柏德並無太大優勢，然而他以過人的精神力及自我鞭策，練就了當代最致命百步穿楊三分球，在三分球尚未普及的1980年代，賴瑞‧柏德就已經經常透過三分攻勢來瓦解對手的防線。

賴瑞‧柏德的投籃出手時機無跡可尋，從中距離到三分線上都能隨時張手開花，再加上其優秀的組織能力，讓賴瑞‧柏德持球時防守者也不敢肆無忌憚地貼身防守，也讓他擁有更為寬廣的作戰空間。在組織全隊進攻時，還隨時

能夠在三分線上來上一球，在對手的傷口上射上一箭。

NBA於1986年明星賽開始舉辦三分球大賽，而前三屆的冠軍皆為賴瑞・柏德。此外，NBA有一個神射手標竿的50-40-90障礙，指的是單季投籃命中率超過50%、三分球命中率超過40%，及罰球命中率超過90%，而史上頭兩次出現這項紀錄皆出自於賴瑞・柏德之手。

可以說，談到三分球，賴瑞・柏德的百步穿楊正是開山始祖。

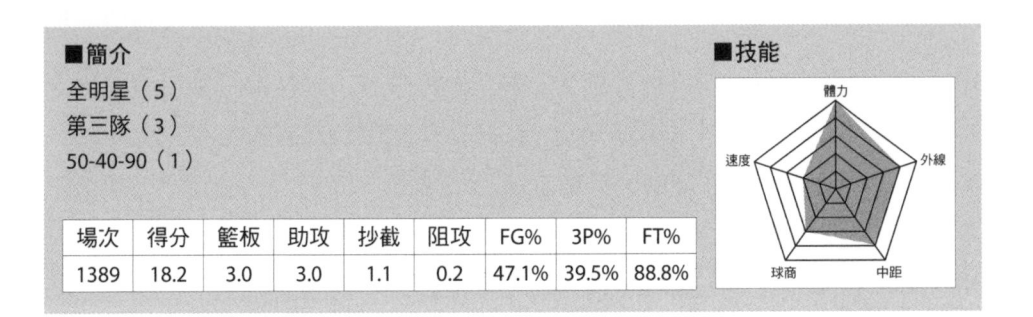

空手跑位 雷吉·米勒

Reggie Miller ／ 1987-2005 ／得分後衛 ／ 6'7" ／ 185lb

■簡介
全明星（5）
第三隊（3）
50-40-90（1）

■技能

場次	得分	籃板	助攻	抄截	阻攻	FG%	3P%	FT%
1389	18.2	3.0	3.0	1.1	0.2	47.1%	39.5%	88.8%

在 NBA 中想要找到空檔、輕易出手投籃絕非易事，幾乎每一刻都會有防守者緊盯著你，特別是當你又是進攻主力或是持球球員時，想要能有舒服的投籃空間更是難如登天。

善於以三分球逆轉戰局的雷吉·米勒，卻硬是透過精湛的「空手跑位」絕技，屢屢為自己找到出手的空檔，一次次在三分線上撕開對手的防線。

空手跑位是一種基本的無球跑動進攻技術，最重要的在跑位的時機、擺脫技巧及接球的角度等。雷吉・米勒在進攻端時並不經常持球，但卻總是全場飛奔的攪亂對手的防線，再透過隊友的擋拆及在對手的混亂中，找到出手的機會，且雷吉・米勒跑出空檔接球後的射程及穩定性，著實帶來了可怕的三分威嚇力。

而透過這招空手跑位，更為雷吉・米勒創造了多次精采的 Miller Time 時刻。1998年的季後賽，雷吉・米勒對上了麥可・喬丹的公牛隊，在最後的關鍵時刻，雷吉・米勒硬是在公牛隊針對性的防守下空手跑出空檔，投進了這記石破天驚的三分球，絕殺了比賽。

雷吉・米勒本身並沒有任何的體能優勢，但他透過不斷的練習空手跑位，為自己找到了出手的空間及舞台，也為自己樹立起 Miller Time 的金字招牌。只要比賽尚未結束而雷吉・米勒又在場上時，對手基本上不敢鬆懈，而隊友也永遠不會放棄希望，因為雷吉・米勒空手跑位後的三分球，永遠有無限可能。

史蒂夫・柯爾

Steve Kerr ／ 1988-2003 ／控球後衛／ 6'3" ／ 175lb

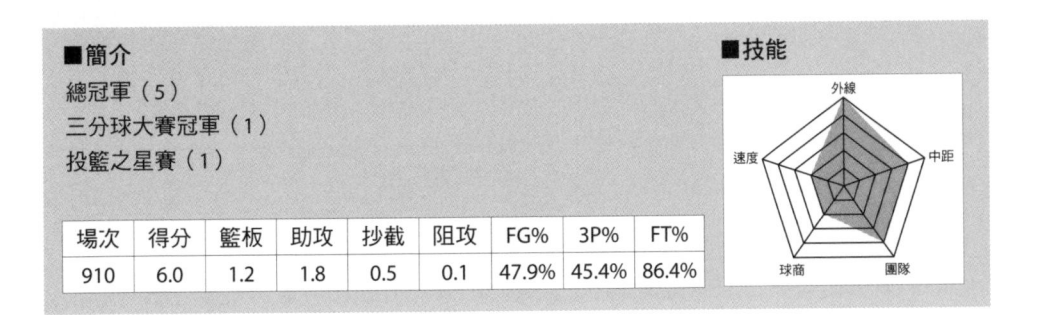

■簡介
總冠軍（5）
三分球大賽冠軍（1）
投籃之星賽（1）

■技能

場次	得分	籃板	助攻	抄截	阻攻	FG%	3P%	FT%
910	6.0	1.2	1.8	0.5	0.1	47.9%	45.4%	86.4%

1988年於第二輪五十順位才被選中的史蒂夫・柯爾，不但不是一個明星球員，甚至連先發球員都排不上，在生涯910場的出賽紀錄中，就有880場是從板凳出發。他跑不快也跳不高，沒有身高也沒有噸位，生涯每場平均只能拿個6分，抓不太到籃板也傳不了太多助攻，但卻往往是冠軍隊中重要的拼圖之一。

1996-1998年，麥可・喬丹率領芝加哥公牛隊完成了三連霸，史蒂夫・柯爾是球隊陣中的候補射手，每場比賽出賽個23分鐘，在外線偷個8分，就這樣得

到了他的頭三個冠軍戒指。1999年及2003年，他又在聖安東尼奧馬刺隊撿到了兩個冠軍。雖然僅僅是個候補角色球員，球員生涯就拿下了五次總冠軍。

史蒂夫・柯爾總是能成為冠軍隊的一員，為什麼？

憑的正因為他是NCAA及NBA史上三分球命中率最高的球員，史蒂夫・柯爾在大學時期的三分球命中率高達57.3%，NBA的三分球命中率則高達45.4%，兩項皆為史上之最。投的雖然不多，但論精準度，史上尚無人能出其右。他在球場上的最主要任務便是待在「側翼」，適時的三分線上進行「伏擊」，成為球隊主力被包夾時的外線伏兵。

1997年總冠軍第六場，在最後的決勝關鍵時刻，當麥可・喬丹吸引到了對手的包夾後，側翼的史蒂夫・柯爾立刻跳了出來接到麥可・喬丹的傳球，最終更不負眾望地投進這顆伏擊致勝球，幫助球隊拿下了1997年的NBA總冠軍。

雖然從來不是一個明星球員，然而史蒂夫・柯爾透過這招側翼伏擊，成功為自己的NBA生涯找到了最佳定位。

Ray Allen ／ 1996-2014 ／得分後衛／ 6'5" ／ 205lb

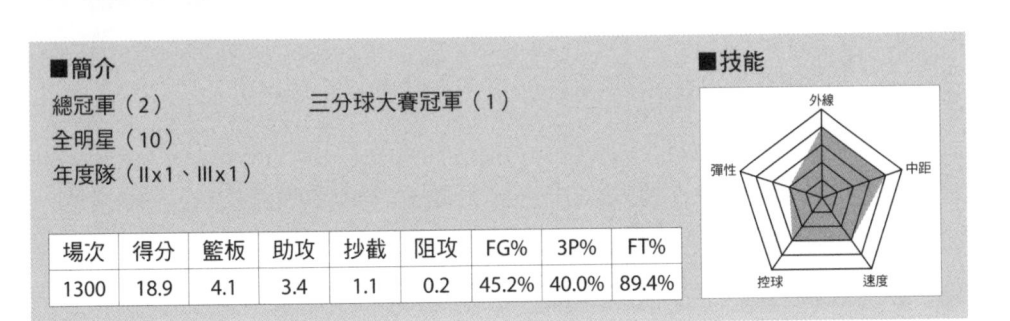

■簡介

總冠軍（2）　　　　　三分球大賽冠軍（1）
全明星（10）
年度隊（II×1、III×1）

■技能

場次	得分	籃板	助攻	抄截	阻攻	FG%	3P%	FT%
1300	18.9	4.1	3.4	1.1	0.2	45.2%	40.0%	89.4%

與其他專精於三分線的球員相比，雷·艾倫擁有相當優異的運動力及身體天賦，能夠在比賽中切入飛扣挑戰籃框，甚至曾經參加過灌籃大賽。

不同於其他的等球射手，雷·艾倫經常能夠透過自己帶球或移動，創造出三分球的出手機會。無論是利用掩護、空手跑位，還是靠自己切入甩開對手後的出手，雷·艾倫都能夠做到幾近完美。雷·艾倫的三分球不但質量兼具，且有著柔和的手感及優異的腰力，出手時從肩膀、手腕到手指一氣呵成的動作，更被視為投籃的教科書。

雷‧艾倫生涯有40%的三分球命中率，每場平均可投進2.3個三分球，2973顆的三分球總數更是高掛歷史榜首許久，可謂是質量兼具的三分球射手。2001年雷‧艾倫也順手拿了個三分球大賽冠軍。

雷‧艾倫是個全面型的球員，在生涯的前十一個球季都擔任球隊的王牌得分王，直到2007-08球季加入了波士頓塞爾堤克後，才卸下這個重擔。然而，他的到來立刻強化了塞爾堤克整支球隊的外圍火力，協助球隊拿下了當年的總冠軍。2012-13球季他轉隊來到了熱火隊，更在季後賽的關鍵時刻屢屢砍進關鍵三分球，再為熱火隊拿下2013年的總冠軍。

一般的射手通常都會有不錯的命中率，然而卻鮮少有人能像雷‧艾倫這樣有著如此強大的牽制力，若要編寫一本三分球的教科書，雷‧艾倫絕對名列其中。

凱文・杜蘭特

Kevin Durant ／ 2007 ~ ／小前鋒／ 6'10" ／ 240lb

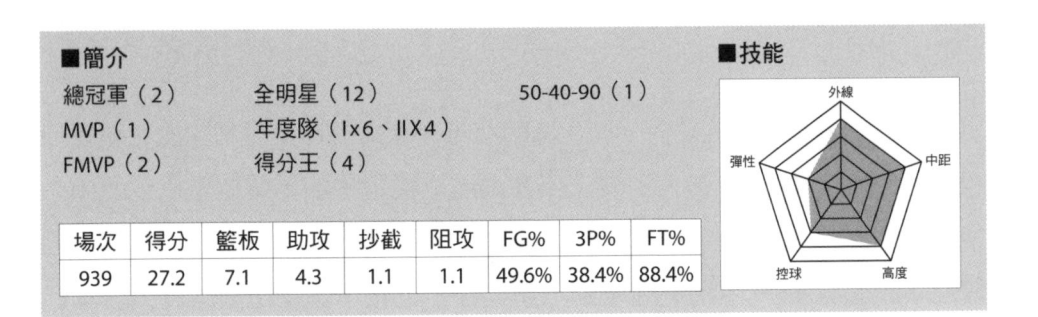

■簡介

總冠軍（2）	全明星（12）	50-40-90（1）
MVP（1）	年度隊（I×6、II×4）	
FMVP（2）	得分王（4）	

場次	得分	籃板	助攻	抄截	阻攻	FG%	3P%	FT%
939	27.2	7.1	4.3	1.1	1.1	49.6%	38.4%	88.4%

■技能

（外線、中距、高度、控球、彈性）

2007-08球季初入聯盟時的凱文・杜蘭特就有著高人一等的身高，更配備著超過7呎5吋的奇異臂展。擁有這種頂尖禁區身材的他，卻不待在禁區，他的主要攻守位置是小前鋒，新秀年甚至是在得分後衛的位置上進行攻堅任務。

從新秀球季開始，凱文・杜蘭特的平均得分就不曾低於20分，更曾拿下了四次得分王的殊榮，被認為是當代最難防守的進攻兵器。

他面框的進攻能力，於聯盟中幾乎無人能夠單獨鉗制。他並不像一般的長人球員善於背框的禁區單打，也不像一般飛人球員喜歡切入禁區挑戰籃框，他反而最善於進行簡單的中長距離出手投籃。不同於過去善於單打獨鬥的得分王，他是一位優質的團隊型球員，不但善於空手跑位，在接獲隊友助攻後的出手把握性更是優異。

凱文・杜蘭特出手不像一般的射手需要努力找空檔，他有自己帶球突破的能力，配上過人的身高及臂展，加上不俗的速度及彈性，幾乎每一次出手都在無人可觸及的「雲端」上進行。就算你能猜到他什麼時候要出手，也幾乎不可能去摸到那顆在雲端的出手球，成為看似最簡單，卻又最難防守的招式。

2016-17球季他就帶著這招「雲端出手」來到了勇士隊，立刻為這支球隊提供了最強的攻堅火力，因此根本沒有任何一支球隊能夠有效地鉗制他出手得分。凱文・杜蘭特連續兩個球季協助勇士隊拿下總冠軍，更被選為最後的FMVP。

在三分線外的雲端之上，是屬於凱文・杜蘭特的領地。

史蒂芬・柯瑞

Stephen Curry ／ 2009 ~ ／控球後衛 ／ 6'2" ／ 185lb

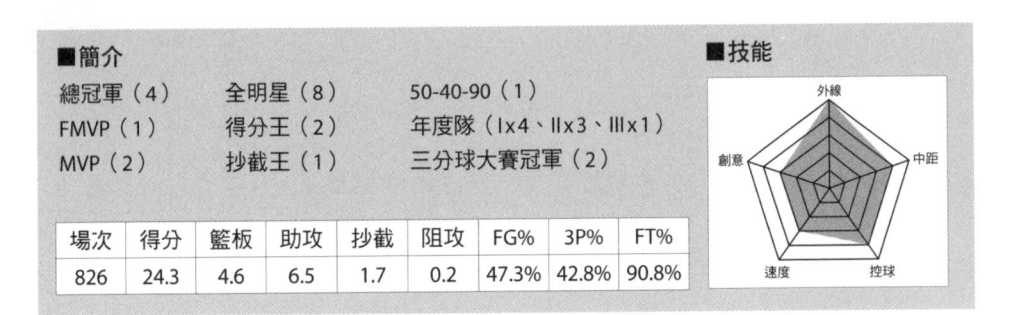

■簡介

總冠軍（4）	全明星（8）	50-40-90（1）
FMVP（1）	得分王（2）	年度隊（Ix4、IIx3、IIIx1）
MVP（2）	抄截王（1）	三分球大賽冠軍（2）

■技能

場次	得分	籃板	助攻	抄截	阻攻	FG%	3P%	FT%
826	24.3	4.6	6.5	1.7	0.2	47.3%	42.8%	90.8%

在NBA創立後長達六十多年的歷史中，普遍認為禁區為王，能夠愈接近籃框拿下分數才愈有把握贏得球賽，更從來沒有任何一支球隊能靠著三分球拿下冠軍。這種觀念，因為史蒂芬・柯瑞的出現而有了改變，他用他的三分球改寫了這項籃球法則。

史蒂芬・柯瑞把原先只被用於表演的「Logo Shot」放進自己的武器庫，成為他在場上攻敵致勝的絕招之一。所謂的Logo指的是籃球場正中央的隊徽，而Logo Shot指的便是在這個Logo附近就能出手的超大號三分球。三分線上距離籃框最遠的弧頂約7.25公尺，然而史蒂芬・柯瑞的三分球卻經常能在9公尺以外就出手。

史蒂芬・柯瑞有多個球季的三分球進球數居全聯盟之冠，2015-16球季史蒂芬・柯瑞單季砍進了402顆三分球，寫下了NBA史上單季最高的三分球紀錄。可怕的是，根據統計，他該季的「Logo Shot」命中率超過了50%，更創造了史上最佳的單季73勝紀錄

根據科學機構的研究，史蒂芬・柯瑞出手只需要0.39秒的時間，比聯盟平均少了0.15秒，同時，他出手的最高高度約為4.97公尺，比聯盟平均高出0.2

公尺。出手的速度讓防守者來不及反應，出手的高度則讓防守者封阻不到。再加上史蒂芬‧柯瑞擁有傑出的控球能力，能夠帶著球來到球場上的任何一個位置後出手三分。

史蒂芬‧柯瑞用他的三分線為球隊拿下了四次的總冠軍，自己也砍下了兩座 MVP 及兩次得分王的頭銜。他被認為是 NBA 歷史上最偉大的三分射手，更讓整個聯盟的比賽風格有了革命性的改變，從過去禁區為主的時代，進入了三分為王的年代。

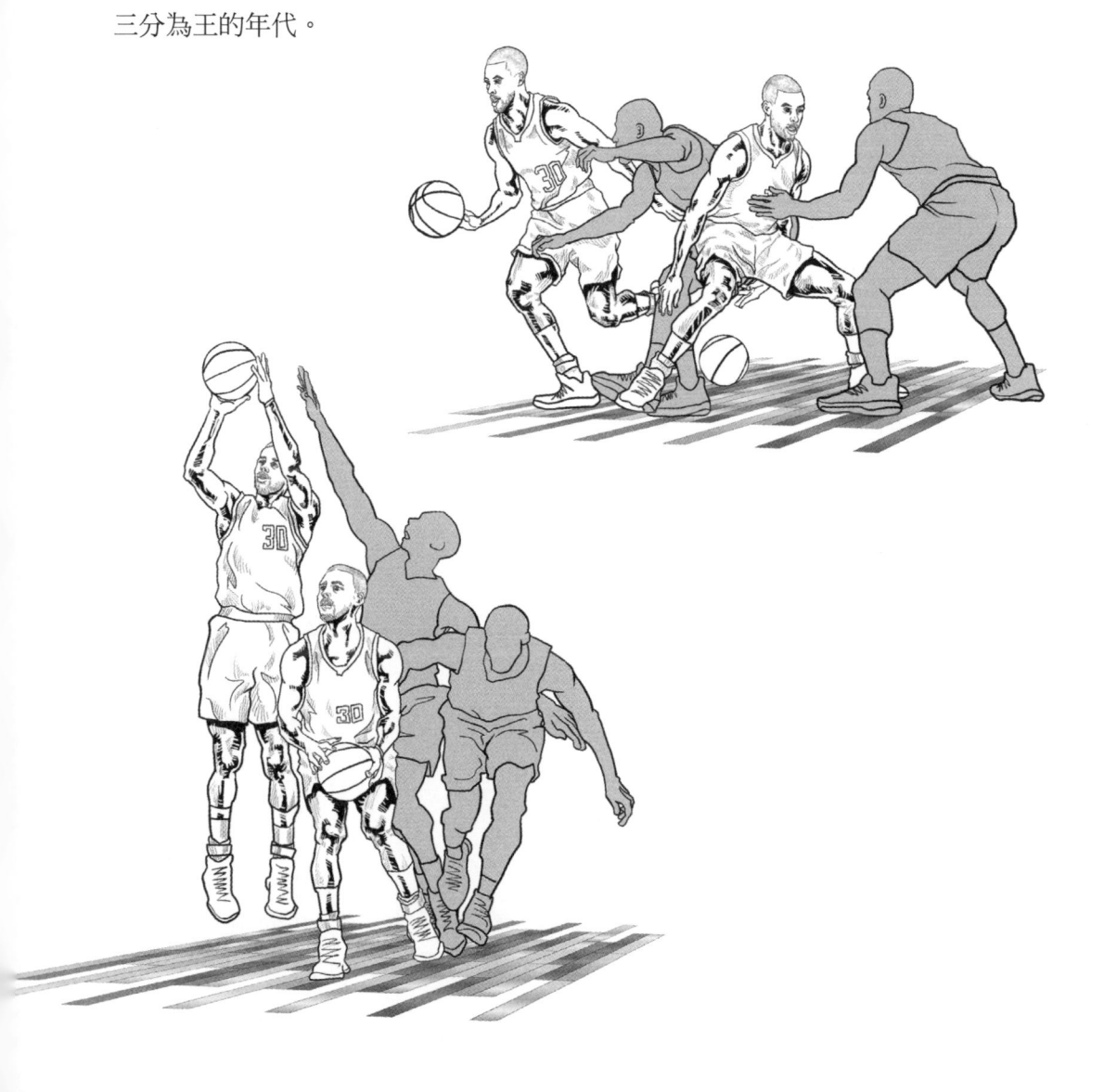

克雷‧湯普森

Klay Thompson ／ 2011~ ／得分後衛／ 6'6" ／ 215lb

■簡介

總冠軍（4）	防守隊（II×1）	
全明星（5）	三分球大賽冠軍（1）	
年度隊（III×2）		

場次	得分	籃板	助攻	抄截	阻攻	FG%	3P%	FT%
647	19.5	3.5	2.3	0.9	0.5	45.8%	41.7%	84.9%

■技能

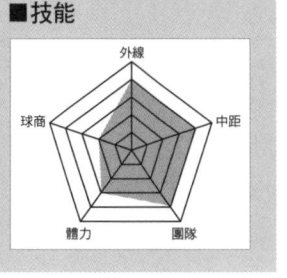

2015年的總冠軍金州勇士隊，不但是史上第一支以三分球奪冠的球隊，更從此改變了聯盟的球風生態，開啟了大三分的時代。而這支傳奇球隊，除了擁有史蒂芬‧柯瑞的「Logo Shot」外，另一個最強大的三分神兵，正是克雷‧湯普森的「Catch & Shot」。

所謂的Catch & Shot，指的是透過團隊跑位找到機會，並在接到隊友的傳球後第一時間就出手投籃。這項技能除了要有好的跑位技巧外，出手的速度及準度更是缺一不可，才能有效降低防守者的防守干擾，同時提升自身的進攻威脅。而克雷‧湯普森可能是將這項絕技運用到最極致的球星。

2018年，克雷‧湯普森曾在一場比賽中僅僅出賽三節29分鐘，就砍下了14顆三分球，拿下全場最高的52分。據統計，克雷‧湯普森在這場比賽中僅運球11次，持球時間僅僅90秒，每次的觸球平均僅花0.57秒。也就是說，他全場比賽幾乎不用占球權，只靠著「Catch & Shot」這技絕技，就打出了無人可及的神奇表現。

克雷‧湯普森擁有「Catch & Shot」的所有關鍵能力，他的出手速度及準度皆為上乘，同時，他不占球權，接到隊友的傳球後也不需太多的準備時間，

就能立刻出手破網，創造驚人的三分產能。

例行賽單場14顆三分球，季後賽單場11顆三分球，單節9顆三分球，這幾項三分球的歷史紀錄，皆出自於克雷·湯普森之手。他用他的Catch & Shot絕技，寫下了屬於他的偉大三分詩篇。

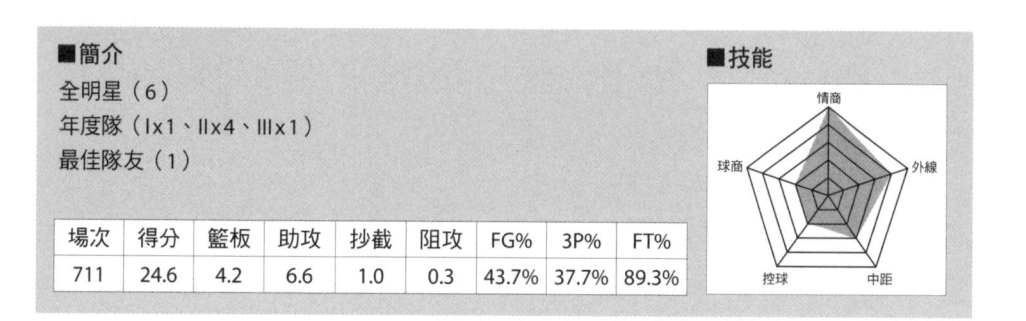

Buzzer Beater

達米安・里拉德

Damian Lillard ／ 2012～／控球後衛／ 6'2" ／ 195lb

■簡介

全明星（6）

年度隊（Ix1、IIx4、IIIx1）

最佳隊友（1）

■技能

情商

球商 / 外線

控球 / 中距

場次	得分	籃板	助攻	抄截	阻攻	FG%	3P%	FT%
711	24.6	4.2	6.6	1.0	0.3	43.7%	37.7%	89.3%

籃球比賽是在終場響哨後才真正結束，而很多時候兩隊的分差可能就在那一兩分之間，於是最後的勝負就決定於響哨前的最後一投，在這最後一球出手後如果響哨，這球就被稱為「壓哨球（Buzzer Beater）」。

壓哨球被認為是籃球比賽最關鍵的瞬間，因為那幾乎決定了一場比賽的勝負，能夠投進壓哨球的球員，更被認為是能扛下壓力並拿下勝利的超級球星。談到在三分線上的壓哨球，達米安・里拉德絕對是最讓人膽寒的第一人。

達米安・里拉德從新秀球季開始，就經常在三分線上投進不可思議的關鍵

球，不但拿下新人王頭銜，新人球季砍進185顆三分球更是高居新秀史上最高。達米安‧里拉德以擁有超大的心臟聞名，愈是關鍵時刻他的專注力就愈強，因此，關鍵時刻球隊總是將球交給他來完成最後一擊，而通常也不需太多的掩護及戰術，就是將球交給他，達米安‧里拉德懂得如何使用他的方式來完成最後的壓哨球。

根據統計，達米安‧里拉德在終場倒數一分鐘內的進球，是高居聯盟之牛耳，而當比賽剩下五分鐘且分差在五分內的比賽，達米安‧里拉德在2分線及3分線上的命中率皆為聯盟最高，同時也是完成最多次壓哨球的球星，因此有了絕殺先生、關鍵先生等之美名。

達米安‧里拉德招牌手式是他會指著手腕上的虛擬手錶，宣告著這是屬於他的 Dame Time，也是他最擅長的 Buzzer Beater Time！當比賽在最後的關鍵讀秒階段時，就是屬於他的時刻，將球交給他就對了。

盧卡・唐西奇

Luka Doncic ／ 2018～／控球後衛／ 6'7"／ 230lb

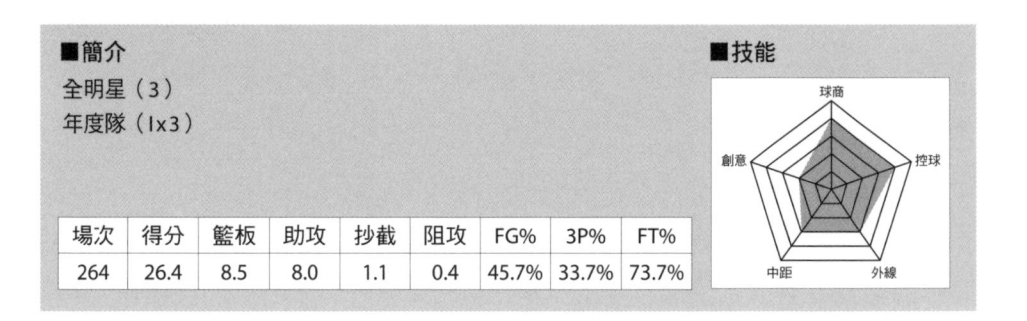

■簡介
全明星（3）
年度隊（Ix3）

■技能

場次	得分	籃板	助攻	抄截	阻攻	FG%	3P%	FT%
264	26.4	8.5	8.0	1.1	0.4	45.7%	33.7%	73.7%

來自歐陸的盧卡・唐西奇，在七個月大時就開始接觸籃球，七歲時就開始正式的籃球訓練。由於盧卡・唐西奇的球技在同年紀的孩子中過於優秀，因此七歲的他經常被教練安排到與十歲的孩子同場競爭。在身高、體能、速度都優於自己的對手環伺下，盧卡・唐西奇很快領悟到，要贏球就必須用腦袋及更聰明的打法，也造就了盧卡・唐西奇解讀球賽及組織比賽的能力。

十三歲的盧卡・唐西奇已經獨身一人離鄉背井在外地打球，並於十八歲就帶領斯洛維尼亞國家隊贏得了歐洲籃球錦標賽冠軍。可以說，在一個年輕的外貌及肉體中，彷彿藏了一個身經百戰的老將靈魂。

盧卡・唐西奇掌握比賽節奏的能力出眾，而他常使用的一個得分招式，便是「後撤步出手」。盧卡・唐西奇會在控球行進間，先透過伴切將球帶到對手的一邊防線中，再迅速收球後利用反作用力後撤，拋開防守者後立刻出手。這招講究對防守者防線的解讀，以及自身協調性的運用，而這皆是盧卡・唐西奇的拿手領域。

後撤步運用的巧妙，不但能拋離防守者重心，又能獲得更大的出手空間，盧卡・唐西奇經常能透過這招，直接從2分線的戰地中，後撤到3分線上拿下

更多的分數，甚至很多決定勝負的關鍵時刻，盧卡·唐西奇也往往運用這招來拿下勝利。

初入聯盟就技驚全聯盟拿下新人王的盧卡·唐西奇，在第二、第三個球季就已經能夠被選入聯盟第一隊，成為年度MVP的候選人之一。這位擁有老靈魂的年輕人，未來還有無限的可能等著被實現。

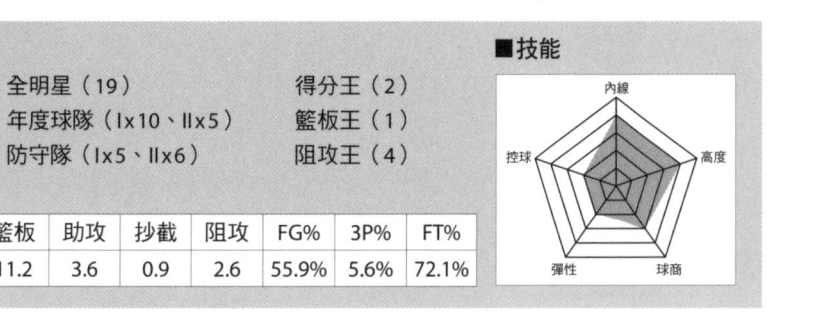

卡里姆‧阿布都—賈霸

Kareem Abdul-Jabbar ／ 1969-89 ／中鋒／ 7'2" ／ 225lb

■簡介

總冠軍（6）	全明星（19）	得分王（2）
MVP（6）	年度球隊（Ix10、IIx5）	籃板王（1）
FMVP（2）	防守隊（Ix5、IIx6）	阻攻王（4）

場次	得分	籃板	助攻	抄截	阻攻	FG%	3P%	FT%
1560	24.6	11.2	3.6	0.9	2.6	55.9%	5.6%	72.1%

■技能

（雷達圖：內線、高度、球商、彈性、控球）

卡里姆‧阿布都—賈霸被認為是史上最偉大的球員之一，曾拿下六座總冠軍，獲得了史上最多的六次年度MVP，更拿下史上最高的38387分。而創造這些偉大成就的利器，正是卡里姆‧阿布都—賈霸的獨門絕招「天勾」。

有著7呎2吋絕對高度的卡里姆‧阿布都—賈霸，在NCAA的大學時期就已經打遍天下無敵手。當時，由於卡里姆‧阿布都—賈霸過於強大，讓比賽經常呈現一面倒的狀態，於是為了平衡比賽，NCAA祭出了禁止灌籃的規則，以限制卡里姆‧阿布都—賈霸的得分，結果這條規則不但沒限制到他，反而

讓他練就了不需灌籃，就能穩穩把球放進籃框的絕招天勾。

卡里姆·阿布都一賈霸在要到球時，習慣先將球置於腰際，背對籃框，以左腳為軸再順勢抬起右腳，左肩及手肘成為一道護城牆，右臂畫出一道美麗的弧形，在天際由自己的肩膀勾出。

天勾出手時，卡里姆·阿布都一賈霸的手臂幾乎完全打直，僅用手腕的巧勁力量來掌握彈道。也因此天勾出招時，一般的球員根本不可能防守到這顆在天際上的出手球，形成了難以防守又無法模仿的天勾障礙。加上卡里姆·阿布都一賈霸的天勾範圍廣大，不但能夠左右開弓，擴及整個禁區，甚至遠到罰球線，都是能出手的範圍。

這招天勾前無古人，後無來者，當年魔術強森（Magic Johnson）加入湖人時，見此招如獲至寶，立刻拜師求藝。然而天才如魔術強森亦僅能習得半吊子的「半勾」，如今這招天勾神技，也僅能從歷史影像中供後人回味了。

高角出手 羅伯特・派瑞許

Robert Parish ／ 1976-97 ／中鋒／ 7'1" ／ 230lb

■簡介
總冠軍（4）
全明星（9）
年度隊（II x 1、III x 1）

■技能

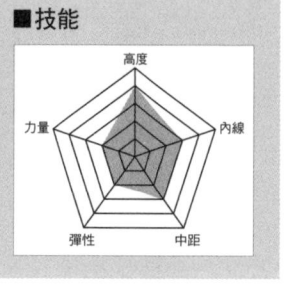

場次	得分	籃板	助攻	抄截	阻攻	FG%	3P%	FT%
1611	14.5	9.1	1.4	0.8	1.5	53.7%	0%	72.1%

整整打了二十一個球季，更保有1611場NBA史上最多出賽紀錄的羅伯特・派瑞許，可說是NBA的鐵人球星了。外號「酋長」的羅伯特・派瑞許，總是默默地保持著競爭力為自己的球隊奉獻，甚至在他超過四十歲高齡的1994-95球季中，他仍然能夠於例行賽保有81場的出賽紀錄。

身為7呎中鋒，勢必得在禁區中討生活。然而羅伯特・派瑞許能夠如此持盈保泰，就在於他大部分的時候，並不靠著衝撞來強行得分，也沒有太多會帶來身體負擔的華麗得分技巧。他的絕招「高角出手」，乃是以極高的命中率，加上極高的角度投籃出手。

據說在羅伯特・派瑞許籃球啟蒙的學生時代，教練為了讓他於禁區的出手能更加難以封阻，因此拿了支大掃把模擬防守者的阻攻來進行訓練。為了躲避掃把的封阻，就勢必得拉高出手的角度，因此練就了羅伯特・派瑞許的超高角度出手絕技，而這招高角出手，也成了羅伯特・派瑞許在與其他高大中鋒對決時主要的得分手段。

即使羅伯特・派瑞許在第三個球季就有著17.2分及12.1籃板的績效，然而，對他而言，生涯中最光榮的籃球歲月，應該是從1980年被球隊交易到波士

頓塞爾堤克後才開始。他以球隊三巨頭之一的身分在1980年代協助球隊獲得了三次的總冠軍，開啟了波士頓第二代王朝的榮景。就像羅伯特・派瑞許所說的：「在我心中，我永遠是個塞爾堤克人，那是我生涯最輝煌的時刻。」

長臂畫圓　凱文・麥克海爾

Kevin McHale ／ 1980-93 ／大前鋒／ 6'10" ／ 210lb

■簡介

總冠軍（3）　　　防守隊（Ix3、IIx3）
全明星（7）
年度隊（Ix1）

■技能

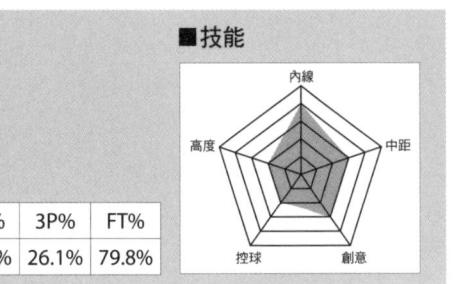

場次	得分	籃板	助攻	抄截	阻攻	FG%	3P%	FT%
971	17.9	7.3	1.7	0.4	1.7	55.4%	26.1%	79.8%

賴瑞・柏德雖被視為1980年代波士頓塞爾堤克隊的當家王牌，然而，若少了凱文・麥克海爾在低位的強大牽制力，相信波士頓塞爾堤克隊在1980年代的不凡成就，將因此充滿了變數。透過一雙長臂，凱文・麥克海爾不但為球隊提供了禁區攻堅火力，更為球隊的防守端帶來了強大的屏障。

有著「長臂猿」外號的凱文・麥克海爾，被認為是史上最靈活的禁區大個子之一，他在低位的腳法獨步當代，一雙長臂搭配上靈活的腳法及技巧，經常可看到他在禁區拿到球後，透過一雙長臂畫了一個大圓到左端，對手就被晃到了左端，又畫了一個大圓到右側，對手又被牽制在右側，之後再透過其優異的禁區上籃能力，往往能有效率地將球帶進籃框裡。

凱文・麥克海爾有著優秀的空間適應力。當他在低位拿到球後，對防守者所帶來的防守壓力是難以言喻的。除了在低位多樣化又難以捉摸的腳法及長臂晃人技巧，凱文・麥克海爾更有優秀的中距離能力，往往在幾個探步及腳法的變化後，就能直接將球拉起跳投，著實讓對手防不勝防。凱文・麥克海爾的生涯命中率超過了55%，更有兩個球季超過六成的驚人命中率，得分能力不但穩定且致命。

他在低位的進攻及晃人技巧，事實上並不靠身高、彈性或爆發力，靠的乃是過人的臂展及多變的腳法，找到了對方的防守破綻後立刻進行投籃、挑籃或小勾射出手，加上凱文・麥克海爾優異的時間差掌握力，透過這招在低位的「長臂畫圓」，讓凱文・麥克海爾成為最好的低位進攻教科書之一。

查爾斯・巴克利

Charles Barkley ／ 1984-2000 ／大前鋒／ 6'6" ／ 252lb

■簡介

MVP（1）　　　　　　年度隊（Ⅰx5、Ⅱx5、Ⅲx1）
全明星（9）
籃板王（1）

場次	得分	籃板	助攻	抄截	阻攻	FG%	3P%	FT%
1073	22.1	11.7	3.9	1.5	0.8	54.1%	26.6%	73.5%

■技能

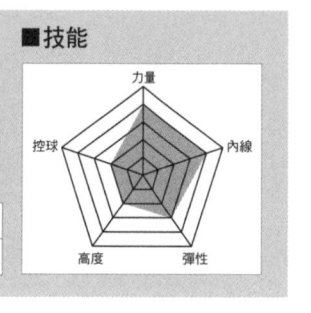

神龍在擺尾時，講究以一種豪氣優雅的姿態讓「尾巴」去「擺動」，而有著胖寬身材的查爾斯・巴克利這條惡龍呢？要他優雅地擺動尾巴相信是難為他了。他的拿手神兵「惡漢擺尾」不講究優雅豪氣，僅僅是將他巨大的「尾椎」去「擺放」在對手最不樂見的禁區地帶，再以一種粗魯及不講理的方式將「尾椎」往內挪，最後直接在籃下強行取分。

查爾斯・巴克利的外號「惡漢」，除了他的個性脾氣火爆兇惡外，其球風也是蠻橫霸道，讓人不敢輕易去阻擋他的衝撞。卡里姆・阿布都一賈霸就曾說

過：「當你看到查爾斯‧巴克利往你衝過來時，絕對不要妄想擋他，因為那就像是用肉身去阻擋疾衝的卡車，沒死也剩半條命。」

想要防守這招「惡漢擺尾」，就像是以肉身推阻一台慢慢壓過來的推土機，推也推不動，只能慢慢被逼退，最後再被查爾斯‧巴克利在自家的領域中攻下分數。這種粗暴式的「擺尾」進攻，查爾斯‧巴克利絕對是歷史上的箇中好手。

查爾斯‧巴克利身高不足6呎6，但他不僅是個最具統治力的籃板手，更是最具殺傷力的內線單打高手。他生涯有著超過20000分及10000籃板的驚人表現。1992年是查爾斯‧巴克利最光榮的時刻，他率領太陽隊獲得了例行賽的最佳戰績，自己更榮獲MVP的肯定，在季後賽中一路率隊殺進總冠軍賽，雖然最後仍然功敗垂成，然而絕對沒有人會忘記查爾斯‧巴克利在比賽中所展現求勝鬥志，以及他那顆無人能擋的大尾椎。

夢幻步法 哈基姆・歐拉朱旺

Hakeem Olajuwon ／ 1984-2002 ／中鋒／ 7'0" ／ 255lb

■簡介

總冠軍（2）	DPOY（2）	年度隊（I x6、II x3、III x3）
MVP（1）	全明星（12）	防守隊（I x5、II x6）
FMVP（2）	籃板王（2）	阻攻王（3）

場次	得分	籃板	助攻	抄截	阻攻	FG%	3P%	FT%
1238	21.8	11.1	2.5	1.7	3.1	51.2%	20.2%	71.2%

■技能

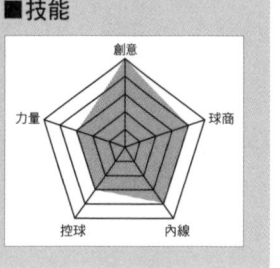

1990年代的NBA戰場，是籃球史上頂級中鋒最盛、競爭力亦最強的時代，就在這個兵家必爭的禁區中，卻有一位中鋒以一招獨門絕學「夢幻步法」，連挫派翠克・尤英（Patrick Ewing）、大衛・羅賓森（David Robinson）及俠客・歐尼爾（Shaquille O'Neal）等歷史級別三大中鋒，奠定其當代天下第一中鋒美名，他是「美夢」哈基姆・歐拉朱旺。

憑藉著從小由足球及手球運動培養起的基本功，再加上一流的肌力、速度、爆發力及協調性，讓他研發出這招獨門的夢幻步法。

哈基姆・歐拉朱旺在進攻時慣於在禁區外要球，得球後緊緊盯住防守者的重心，雙腳緊緊抓住地板，採用數個多變的假動作虛晃後，讓防守失去重心，再進行大幅度的翻身，將對手的重心及防線徹底拋在腦後，最後對手僅能看著哈基姆・歐拉朱旺漂亮的拿下分數。

這招夢幻步法可以一次藏進數個假動作，而且招式複雜多變，讓人不易摸透，從晃人、踩步到翻身，不但有著多變的腳步變化，更是一氣呵成毫無滯礙。俠客・歐尼爾就曾如此評論這招絕技：「我寧可被他在腦袋上暴扣，也不願意被他用腳步戲耍，那簡直讓人感受到智商上的差距。」

由於其進攻腳步及招式變化多端，瀟灑難以捉摸，就曾有對手懷疑其複雜的重心轉移下，實有走步之嫌。然而，在哈基姆・歐拉朱旺的演繹下，此招幾乎無所滯礙流暢無比，要抓走步也無跡可尋，就在對手及裁判的迷惑中，早已被哈基姆・歐拉朱旺攻破了防線，兵敗如山倒。華麗而夢幻！卻有著扎實的攻堅破壞力，夢幻步法之奧妙即在於此。

騎馬射箭　派翠克・尤英

Patrick Ewing ／ 1985-2002 ／中鋒／ 7'0" ／ 240lb

■簡介
全明星（11）
年度隊（Ⅰx1、Ⅱx6）
防守隊（Ⅱx3）

■技能

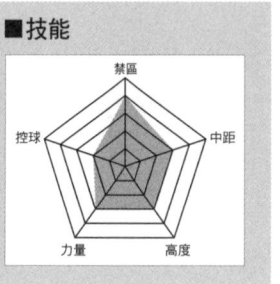

場次	得分	籃板	助攻	抄截	阻攻	FG%	3P%	FT%
1183	21.0	9.8	1.9	1	2.4	50.4%	15.2%	74.0%

1985年的選秀大會，可能是NBA史上最具神祕色彩的一次。據說NBA當局為了順利振興第一大城紐約尼克隊，幫助紐約尼克隊獲得天王中鋒派翠克・尤英，因此在進行抽籤前，先將紐約尼克隊的信封放到了冰箱，等到正式抽籤時，總裁大衛・史騰（David Stern）就可以很快地找到紐約尼克隊的信封，並將這支狀元籤抽出，也因為如此，派翠克・尤英這隻世紀金剛，就眾望所歸地落腳到了紐約，爬上了帝國大廈，重振了這支充滿光榮歷史的球隊。

派翠克・尤英在初入聯盟時以防守起家，扎實守護著紐約市的禁區天空，然而在隊型及教練的要求下，漸漸練就了一身卓越的禁區單打技巧。

從翻身、小勾射到中距離無一不精，而當中最犀利的一招絕技，便是這招「騎馬箭射」。派翠克・尤英習慣在禁區附近拿到球後，利用其體形優勢靠住對手，以全身的力量大跨步壓入對手防線後，立刻進行騎馬投籃的動作。這招騎馬箭射粗中帶細，不但有力量又有巧勁，讓防守者守起來極為不易，在低位鮮少有人能夠真正有效防阻。

派翠克・尤英是1990年代四大中鋒唯一十指猶虛的一人。他曾兩次勇闖總

冠軍賽，第一次與他的死對頭哈基姆‧歐拉朱旺血戰七戰後惜敗，到了第二次的冠軍賽時，派翠克‧尤英已垂垂老矣成了精神領袖，難以主宰攻守兩端。然而，永遠沒有人會忘記他在球場上那種勇往直前的拚鬥精神，更被認為是紐約尼克隊史上最偉大的球星之一。

衝鋒快攻　大衛・羅賓森

David Robinson ／ 1989-2003 ／中鋒／ 7'1" ／ 235lb

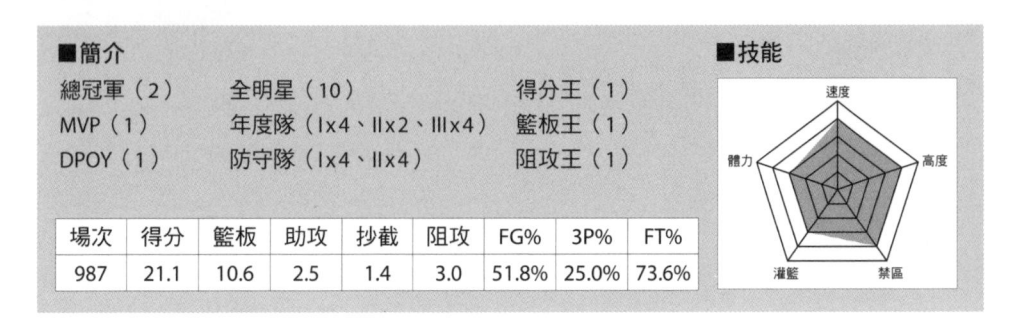

■簡介

總冠軍（2）	全明星（10）	得分王（1）
MVP（1）	年度隊（I x4、II x2、III x4）	籃板王（1）
DPOY（1）	防守隊（I x4、II x4）	阻攻王（1）

場次	得分	籃板	助攻	抄截	阻攻	FG%	3P%	FT%
987	21.1	10.6	2.5	1.4	3.0	51.8%	25.0%	73.6%

■技能

1987年，一個兼具速度、力量及完美體魄的7呎中鋒大衛・羅賓森從海軍學院畢業，即使基於海軍的規定他仍然必須服役兩年，卻被馬刺隊以1987年的狀元籤給選走，他是大衛・羅賓森。

到了1989年大衛・羅賓森正式加入馬刺隊後，新秀年就直接將球隊的勝場由前一年的21場拉抬到56場的強隊之林，創下當時進步最多場次的歷史紀錄。此後不但一直率領馬刺強盛十餘年，更協助馬刺隊獲得了隊史的頭兩座總冠軍。

大衛・羅賓森在球場上克敵致勝的主要絕技，便是他透過速度發動的「衝鋒快攻」。

對手在快攻時，若快攻的球員是個後衛，即使速度追不上，仍能利用高度從後方封阻；當快攻的球員是個前鋒，即使高度無優勢，仍能利用速度占據有利防守位置。然而，若快攻的球員是個具有超絕速度的7呎中鋒呢？追不上也擋不住，而僅能看著他在前場進行衝鋒式的快攻。

大衛・羅賓森在球隊發動快攻時，衝鋒陷陣跑得比誰都快，即使在一對一的

陣地攻守中，他仍然有著中鋒世界最快的腳步，往往能夠靠著速度瞬間找到出手的空間。

嚴格來說，大衛‧羅賓森跟其他天王中鋒相比，確實缺乏了些許低位腳步的運用，然而憑藉著過人的速度及體能，硬是讓大衛‧羅賓森橫行禁區十餘年。他在1991年成為籃板王、1992年成為阻攻王、1994年又成為得分王，更在1994年的球季中完成了34分10籃板10助攻及10阻攻的驚人大四喜，理所當然地成為了該季的年度MVP。可以說，在中鋒的7呎禁地上，他是速度最快的一人。

俠克轟炸　俠客‧歐尼爾

Shaquille O'Neal ／ 1992-2011 ／中鋒／ 7'1" ／ 325lb

■簡介

總冠軍（4）	全明星（15）	年度隊（Ix8、IIx2、IIIx4）
MVP（1）	得分王（2）	
FMVP（3）	防守隊（IIx3）	

■技能

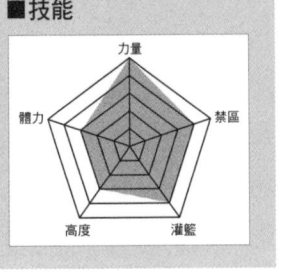

場次	得分	籃板	助攻	抄截	阻攻	FG%	3P%	FT%
1207	23.7	10.9	2.5	0.6	2.3	58.2%	4.5%	52.7%

轟炸一詞，通常被用於戰爭中，意指對敵軍的陣地進行毀滅性的破壞及肆虐。而在籃球戰場上，卻有一個人的神兵絕技也是以轟炸為名，朝著對手的禁區防線進行毀滅性的轟炸破壞，這招是俠客‧歐尼爾的「俠克轟炸」。

擁有7呎1吋的身高，更有著超過三百磅噸位的俠客‧歐尼爾，他不是史上最高也不是最重的球員，卻可能是NBA史上擁有最強大力量的球星。在同時擁有高大身材及重量級體重的前提下，俠客‧歐尼爾還擁有極為敏捷的身手，讓他的重量及力量得到了最大的破壞力。

對於防守者而言，被俠客‧歐尼爾在禁區拿到球後，就像自家被裝上萬噸炸藥，除非你能在引爆前就犯到規，否則接下來你只能看著俠客‧歐尼爾狠狠地將球砸進籃框，而四周的防守球員只能東倒西歪屍橫遍野。由於俠客‧歐尼爾在禁區的轟炸力太強，還有多次炸壞籃框的紀錄，最後NBA還為了他重新設計並強化籃框的承重力。

以毀滅性及殺傷力來說，俠客‧歐尼爾的俠克轟炸可能是史上最可怕的禁區兇器。他的招式並不複雜，就是靠著力量硬壓下對手，然而即使如此，全聯盟仍然找不到任何一位球員有著與之相抗的力量。其霸道的力量，就如同一

座高聳大山，對手的抵抗僅能激起一絲絲的漣漪。

憑藉著這招俠客轟炸，俠客‧歐尼爾在2000-02率領著湖人隊完成了三連霸，擁有絕對支配力量的俠客‧歐尼爾，也理所當然地連拿了三個FMVP。這段時期的俠客‧歐尼爾，可能是史上最難解的神兵了。

提姆・鄧肯

Tim Duncan ／ 1997-2016 ／大前鋒／ 6'11" ／ 250lb

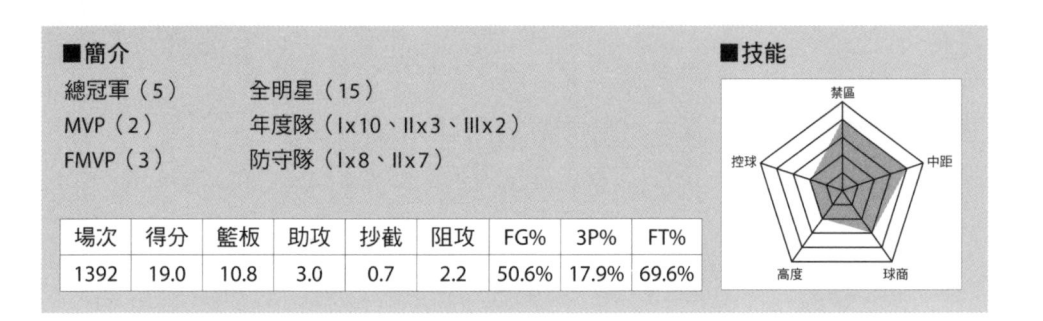

■簡介

總冠軍（5）	全明星（15）
MVP（2）	年度隊（Ix10、IIx3、IIIx2）
FMVP（3）	防守隊（Ix8、IIx7）

場次	得分	籃板	助攻	抄截	阻攻	FG%	3P%	FT%
1392	19.0	10.8	3.0	0.7	2.2	50.6%	17.9%	69.6%

■技能

從第一個球季開始，沉默、樸實又低調的提姆・鄧肯就有著高度的穩定表現。他的球風就像外號「石佛」一樣，樸實無華，沉穩又木訥，但卻能以最穩健的方式為球隊作出最大的貢獻。他的取分方式從來不具有觀賞性，只以最簡單而有效率的方式來進行，但卻為球隊帶來極大的效益。

提姆・鄧肯是史上最具有低位進攻能力的長人之一，從背框的單打、短勾，到兩側的中距離投籃都難不倒他。然而，在這許多的進攻技巧中，「45度角擦板」絕對是提姆・鄧肯數十年如一日、最具代表性的一招。

一般而言，提姆・鄧肯習慣於禁區外的45度角開始發動，以一個面框進攻的方式面對對手，有時透過幾個假動作及探步就能將球擦板投進。有時則在瞬間下球後立刻往進攻方向壓入，再配合著對手退防的時機將球投出。搭配上提姆・鄧肯優秀的多元進攻技巧，此招看似不太強大，卻著實相當有進攻效率。

這招從低位發動的擦板技巧，可說是提姆・鄧肯最拿手的得分方式，不疾不徐，不慍不火，穩定性極高，往往在不知不覺中就為球隊累積了大量的得分能量。

就是如此簡單又基本的打板技巧，為提姆・鄧肯拿下五座總冠軍，更以超過
70%的勝率拿下超過千場的勝利，奠定了提姆・鄧肯史上最佳大前鋒的不凡
地位。

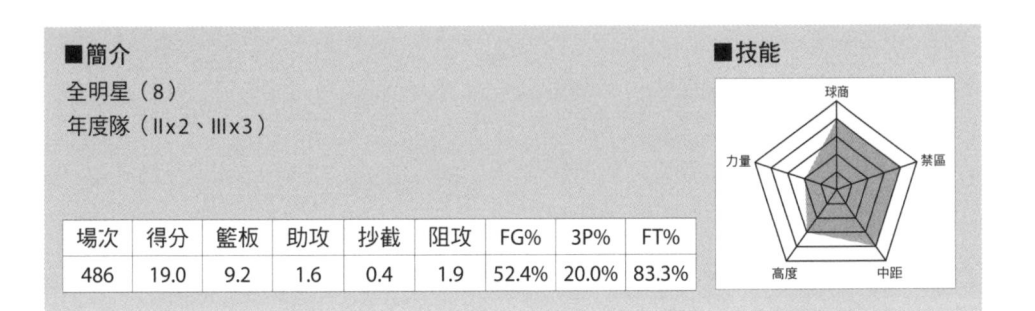

太極球風　姚明

Yao Ming ／ 2002-11 ／中鋒／ 7'5" ／ 310lb

■簡介
全明星（8）
年度隊（Ⅱx2、Ⅲx3）

■技能

場次	得分	籃板	助攻	抄截	阻攻	FG%	3P%	FT%
486	19.0	9.2	1.6	0.4	1.9	52.4%	20.0%	83.3%

2002年的選秀大會，狀元籤罕見地落在了一個亞洲球員的身上，他是來自中國的姚明。而他也沒有辜負了這個狀元身分，不但入選了新秀第一隊，更夾帶著超高人氣，新人年就被選為明星賽的先發球員。

受到中國五千年歷史的薰陶，姚明雖然有著高人一等的高度，又有著不俗的噸位力量，然而，他卻不靠蠻力打球，反而是有著類似「太極」的球風步調、有著相當優異的運勁技巧，善於借力使力找到作戰空間。進攻的選擇上多以小勾射、中距離、低位腳步為主，再加上其7呎5吋的絕對高度優勢，

被人譽為「移動的長城」。

姚明有著良好的團隊觀念，寬廣的傳球視野及技巧，再搭配上絕佳的低位進攻及投籃技藝，出手不但柔順手感好，且射程極長，在十八英尺內的範圍內，姚明都具有極大的威脅力。

姚明生涯平均每場比賽能夠砍進19分，而他優異的罰球命中率83.3%，讓他甚至可作為球隊在技術犯規時的指定罰球員。因為有著顯著的身高優勢，在防守時也能成為禁區屏障，每場比賽平均送出1.9次的阻攻，抓下9.2個籃板。

除了2009-10球季因傷缺陣外，從2002-11年整整八個球季，姚明皆以高票當選NBA明星賽的先發球星。可以說，只要能健康出賽，他幾乎就是明星賽的不動先發。2016年，姚明正式被送入籃球名人堂，成為史上第一位入選籃球名人堂的華人球星。

虛晃上籃　皮特‧馬拉威奇

Pete Maravich ／ 1970-80 ／得分後衛／ 6'5" ／ 197lb

■簡介

全明星（5）

年度隊（Ix2、IIx2）

得分王（1）

場次	得分	籃板	助攻	抄截	阻攻	FG%	3P%	FT%
658	24.2	4.2	5.4	1.4	0.3	44.1%	X	82.0%

■技能

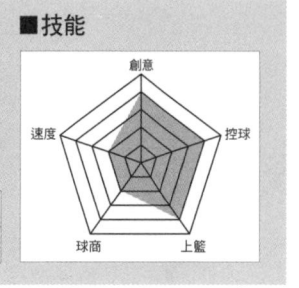

俊俏外表、憂鬱氣質，再搭配上充滿創意的華麗球風，他是當代最具藝術氣息的球星，皮特‧馬拉威奇。皮特‧馬拉威奇從他有記憶開始，就將籃球作為他的隨身寶物，這種球不離身的成長歲月，也為他帶來了超凡的球感。

外號「手槍」的皮特‧馬拉威奇，在大學時期就是一個不折不扣的籃球奇才，每一年的平均得分都超過了40分，更創造了NCAA史上最高的44.5分之單季平均得分，被認為是最難被打破的紀錄之一。而更讓球迷入勝的，莫過於他充滿創造力的球風，在那個老派風格的年代，他已經在比賽中頻繁使用背後及胯下運球，並結合了千變萬化的假動作，可以在每一次的上籃或傳球前藏進數個讓對手不易捉摸的假動作。

也由於他的球風太難讓人捉摸，每次他切入時的各種假動作虛晃，都會讓對手投鼠忌器不敢全力封蓋，特別是當他上籃時又結合了各式各樣的伴傳及虛晃，對手的注意力及防線都會被皮特‧馬拉威奇給帶走，讓皮特‧馬拉威奇創造了不少的精采時刻。

他雖然不是第一個採用這些招式的球員，然而這些招式在他手上施展開來，就是有一種獨特的藝術感，不按常理的傳球及出手，更是超脫了當代籃球的

框架。有的時候，皮特‧馬拉威奇甚至會讓人覺得，他的這些招式並不是為了贏球，而是為了他自己的揮灑及滿足靈魂罷了。

無奈天才型的藝術家總是薄命，1988年在一間加州的體育館中，皮特‧馬拉威奇不幸心臟病發，得年僅四十歲，成為最早逝世的NBA 50大球星。

朱利葉斯・爾文

Julius Erving ／ 1971-87 ／ 小前鋒 ／ 6'7" ／ 210lb

■簡介

總冠軍（ABAx2、NBAx1）　　年度隊（ABA Ix4、ABA IIx1、
MVP（ABAx3、NBAx1）　　　　　　　　NBA Ix5、NBA IIx2）
FMVP（ABAx2）　　　　　　　得分王（ABAx3）
全明星（ABAx5、NBAx11）　　灌籃大賽冠軍（ABAx1）

場次	得分	籃板	助攻	抄截	阻攻	FG%	3P%	FT%
1243	24.2	8.5	4.2	2.0	1.7	50.6%	29.8%	77.7%

■技能

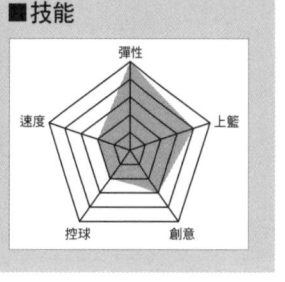

麥可・喬丹曾說：「若我未曾看到他在全盛時期的球場表現，我就不可能擁有現在的籃球視野。」教練凱文・洛克里（Kevin Loughery）則說：「他是第一個飛上天的人類，開天闢地創造了新世界。」這兩人口中的主角，正是有著「J博士」之稱的朱利葉斯・爾文。

朱利葉斯・爾文擁有超越當代所有其他球員的彈跳高度及空中滯留力，當他拿著球跳至空中時，就像與其他球員處在不同的時空中。他的上籃彷彿是在空中漫步般，能用一雙大手抓著球飛入對手的防線，在空中滯留及漫步，並作出各式各樣的拉桿動作閃開防守者後，再決定如何將球放進籃框中。

在空中的「拉桿上籃」著重彈性、滯空力及身體的延展性，同時還要具有創意及臨場反應力，能夠依照防守者防線的不同而有所變化，而朱利葉斯・爾文擁有了這所有的天賦及特質。

朱利葉斯・爾文曾在一次的進攻中，從球場右側跨步過人後飛向對手籃圈，敵隊立刻建構起全面防線防堵他，已飛向空中的朱利葉斯・爾文，竟能在空中漫步一段時間後，由籃板另一方單手抓著球拉桿飛出防線，再輕巧地將球帶進。這一球在當時震撼了每一個人。原來，人類真有可能在空中漫步、在

空中作出如此不可思議的動作！

朱利葉斯・爾文生涯始於 ABA 聯盟，再隨著 ABA 及 NBA 的合併加入了 NBA 聯盟。兩個聯盟十六年的職業生涯，不但年年入選明星賽，更在兩個聯盟都曾拿下總冠軍及年度 MVP，成為跨聯盟及跨世代的不凡球星。

指尖挑籃　喬治‧葛文

George Gervin ／ 1972-86 ／得分後衛 ／ 6'7" ／ 185lb

■簡介

全明星（ABA×3、NBA×9）
年度隊（ABA II×2、NBA I×5、NBA II×2）
得分王（4）

場次	得分	籃板	助攻	抄截	阻攻	FG%	3P%	FT%
1060	25.1	5.3	2.6	1.2	1.0	50.4%	27.1%	84.1%

■技能

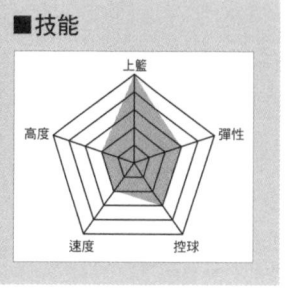

「冰人」是喬治‧葛文最為人所熟知的外號，這個外號的起源，主要來自於其溫文儒雅的個性，以及其冷靜的比賽風格，無論比賽如何的劍拔弩張，他總是能不疾不徐地掌握著自己所習慣的穩定節奏，而這樣的人格特質，也充分反應在其絕技「指尖挑籃」上。

身材高瘦的喬治‧葛文，擁有相當不錯的彈跳力及滯空力，以他的身體天賦，事實上能夠輕易做出各式各樣的灌籃動作。然而，喬治‧葛文卻不常灌籃，因為他認為過多的灌籃動作，往往會為自己帶來更多不必要的傷害及負擔，這並不符合他的天性。

因此，雖然喬治‧葛文有條件成為一名扣將，卻不以灌籃為己志，反而不停地專研以手腕的力量、搭配指尖的運用，創造上籃動作，打造其獨樹一格的神兵絕技指尖挑籃。從此，他無論是在切入禁區挑戰籃框，還是壓入底線後的得分選擇，幾乎都是採用這麼一招挑籃功夫。

喬治‧葛文的指尖挑籃俐俐落落，整場比賽的風格無論是在禁區還是外線，都帶給人們一種輕鬆的協調感。他將每一次出手的機會掌握得相當到位，往往能瀟灑地完成每一次的挑籃。就是這招精闢的指尖挑籃功夫，讓喬治‧葛

文曾於單節得到33分的歷史單節得分紀錄，也為他的NBA生涯帶來了四次
得分王頭銜，成為歷史上最溫和、同時卻也最難防守的得分王。

快攻終結　詹姆斯・渥錫

James Worthy ／ 1982-1994 ／小前鋒／ 6'9" ／ 225lb

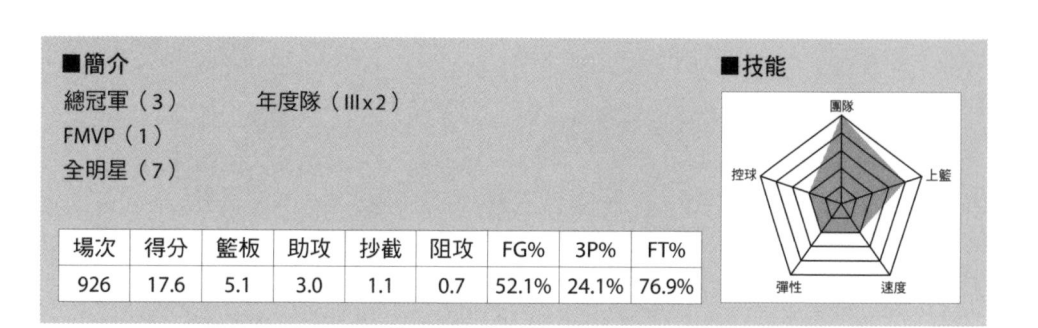

■簡介

總冠軍（3）　　　年度隊（Ⅲx2）
FMVP（1）
全明星（7）

■技能

場次	得分	籃板	助攻	抄截	阻攻	FG%	3P%	FT%
926	17.6	5.1	3.0	1.1	0.7	52.1%	24.1%	76.9%

1980年代的洛杉磯湖人隊帶給了球迷充滿表演魅力的團隊球風。這支球隊的中鋒為「天勾」卡里姆・阿布都─賈霸，後衛則有「聲東擊西」的魔術強森。然而，這場「Show Time」戲碼要能夠完整呈現，在前鋒位置上帶著護目鏡、負責「快攻終結」的詹姆斯・渥錫，絕對是不可或缺的要角。

1982年詹姆斯・渥錫以選秀狀元之姿加入了湖人隊後，很快地就成為了球隊的快攻終結者。魔術強森及卡里姆・阿布都─賈霸都曾公開表示過，湖人隊能夠有如此亮麗的戰績及戰力，詹姆斯・渥錫絕對功不可沒。在湖人隊的黃金十年，詹姆斯・渥錫都保持接近20分的得分火力，同時又具有超過五成的進攻命中率。

詹姆斯・渥錫以6呎9吋的身高打小前鋒，不但在同位置上具有身高優勢，加上其速度及彈速過人，即使在一對一的對決上也從不居下風。

然而，詹姆斯‧渥錫最為人所稱道的，莫過於他對快攻時機的敏銳判斷力，只要魔術強森於後場拿到球，就會看見一陣「黑旋風」往前場捲去，並在接到魔術強森華麗的傳球後，以各式各樣的結終技巧將球放進籃框中。

1987-88球季，湖人隊在總冠軍賽對上新興強權活塞隊，雙方血戰到了第七場，在這關鍵的戰役中，詹姆斯‧渥錫跳了出來，拿下了誇張的36分16籃板10助攻的全能大三元成績，協助球隊奪到1980年代的第五座冠軍，詹姆斯‧渥錫更順理成章地被選為當年的總冠軍FMVP。

若沒有詹姆斯‧渥錫的快攻結終，可能就沒有1980年代湖人王朝的五座總冠軍，以及讓球迷瘋狂的「Show Time」。

凌空辨位　安芬尼·哈德威

Anfernee Hardaway ／ 1993-2008 ／控球後衛／ 6'7" ／ 195lb

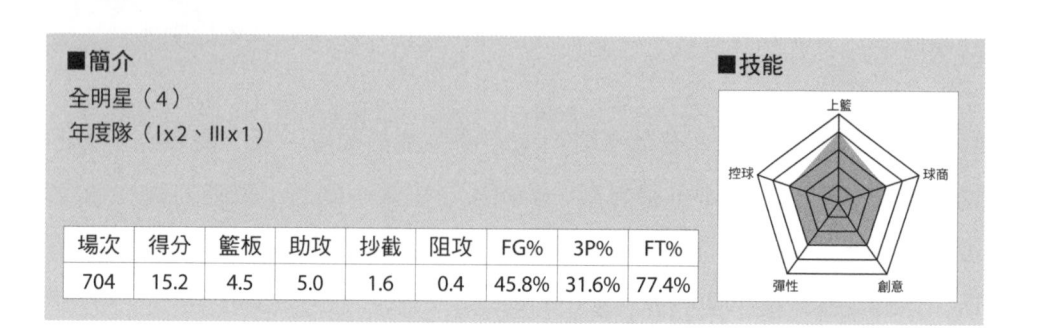

■簡介
全明星（4）
年度隊（Ⅰx2、Ⅲx1）

場次	得分	籃板	助攻	抄截	阻攻	FG%	3P%	FT%
704	15.2	4.5	5.0	1.6	0.4	45.8%	31.6%	77.4%

■技能

（雷達圖：上籃、球商、創意、彈性、控球）

想到了NBA歷史上最讓人感到惋惜的流星球員，安芬尼·哈德威可能是不少人心目中第一個浮現的名字。

安芬尼·哈德威身高6呎7吋，卻主打控球後衛，加上其優異的彈性，被認為擁有如麥可·喬丹般挑戰籃框的過人彈性，同時還具有魔術強森般的助攻創意。有著優異的得分能力及控球天賦，加上其特有的球風及籃球魅力，讓安芬尼·哈德威很快就成為當代球迷最喜歡的球星之一。

安芬尼·哈德威最讓人驚豔的，是他結合了身體天賦及空間創意。球場上的空間感，能夠決定一個球員對於全場隊友、對手以及籃框的掌握能力。而安芬尼·哈德威則是此一能力的箇中好手。

無論是對於籃框還是隊友，安芬尼·哈德威都具有卓越的感知力，經常能夠看到即便安芬尼·哈德威已經起身躍至半空中，卻能夠在電光火石之間「凌空辨位」地找到籃框，並以不可思議的角度將球帶入；抑或是在兵荒馬亂中，他能在空中第一時間就找到所有隊友的位置，見縫插針地將球從神奇的空間中送到隊友手中，助攻得分。

安芬尼‧哈德威這種神奇的「凌空辨位」能力，讓他的球風充滿了創意及飄逸感，也成了安芬尼‧哈德威最獨特的球場魅力。因為傷病問題，安芬尼‧哈德威的全盛時期並不太長，然而短短幾個球季的華麗演出，也足已讓安芬尼‧哈德威的球風及身影，深植當代球迷的心中。

Grant Hill ／ 1994-2013 ／小前鋒／ 6'8" ／ 225lb

■簡介
全明星（7）
年度隊（I x 1、II x 4）
最佳運動精神獎（3）

■技能

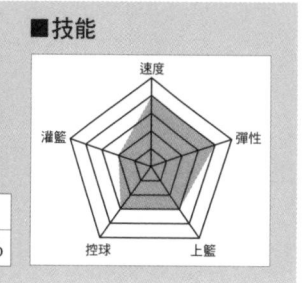

場次	得分	籃板	助攻	抄截	阻攻	FG%	3P%	FT%
1026	16.7	6.0	4.1	1.2	0.6	48.3%	31.4%	76.9%

當格蘭特・希爾於1994年踏上NBA的賽場時，其過人的身手及個人氣質，就迅速為他累積了超高的人氣，不但在新人球季就以最高票入選了明星賽先發。整個新人球季平均19.9分6.4籃板5助攻的全能表現，不但讓他摘下新人王頭銜，更讓他被視為未來最能撐起聯盟招牌及形象的球星。

格蘭特・希爾的招式中最讓人驚豔的，就在於他雖然擁有6呎8吋的標準前鋒身材，卻有著全聯盟最快的「第一步」。

籃球比賽與一般的賽跑不同，是在一個約三十米的範圍內進行的折返跑運動，因此第一步起步快，遠比起百米跑的速度快來得更加重要。瞬間快速的

第一步，就能夠在對手還沒反應前掌握先機，無論是急停跳投還是直接殺入禁區，都能夠先發制人掌握主動權，掙得充分的出手空間。

格蘭特‧希爾不但擁有最快的第一步，還同時備置飛人等級的彈性，因此經常能看到他帶著球，以最快的第一步過了防守者後，就直接拿起球飛向天際，把球扎實地塞進籃框中。格蘭特‧希爾這招「一步登天」，有速度又有彈速，讓他的防守者吃足了苦頭，也成為格蘭特‧希爾好球集錦中最常出現的招式。

格蘭特‧希爾不單單球技過人，更被認為是運動精神的表率。他曾經三度獲得NBA年度最佳運動精神獎（2004-05、2007-08、2009-10），是這一獎項得獎最多次的球員。然而因為傷病關係，格蘭特‧希爾的「一步登天」絕招並沒有太長的榮景，但是若談到歷史中最快的第一步，格蘭特‧希爾仍然是多數人心中的佼佼者。

移形換位 德韋恩・韋德

Dwyane Wade ／ 2003-19 ／得分後衛／ 6'4" ／ 220lb

■簡介

總冠軍（3）　　　年度隊（Ix2、IIx3、IIIx3）
FMVP（1）　　　防守隊（IIx3）
全明星（13）　　得分王（1）

■技能

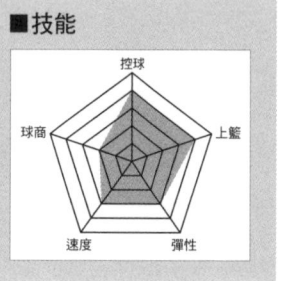

場次	得分	籃板	助攻	抄截	阻攻	FG%	3P%	FT%
1054	22.0	4.7	5.4	1.5	0.8	48.0%	29.3%	76.5%

2003-04球季，德韋恩・韋德以新秀身分初入聯盟，就以快如閃電的切入風格聞名。德韋恩・韋德切入的腳步及墊步技巧刁鑽異常，搭配順暢的運球及速度殺入對方陣地後，還能以優異的彈性及力量，侵略對方的籃框，因此早早就有了「閃電」的美名，當他啟動進攻時，並無太多人能跟上他的腳步。

集速度、彈性、控球技巧於一身，最可怕的是德韋恩・韋德還同時具有卓越的變向橫移能力，擅常在切入到一半時就「移形換位」，大大轉了個彎，改變進攻方向；或是以墊步變換方向來晃開防守者，再以大幅度的腳步攻籃取分。

2006年，德韋恩・韋德為熱火隊拿下了隊史首冠。在這次系列賽中，德韋恩・韋德澈底發揮了其移形換位的強大破壞力，他的速度及變向切入屢屢撕裂對手的防線，並一次次挑戰籃框攻陷敵陣，視對手的防線如無物，打造了熱火隊史最輝煌的時刻。

身高僅有6呎4吋的德韋恩・韋德，事實上在得分後衛的位置算是小了一號，在身高上完全討不到便宜。然而，當他以移形換位加上過人的切入速度時，你就是很難抓得住他。

雖然在打了幾個球季後，德韋恩・韋德閃電般的速度已略有下降，然而，日趨強壯的身軀，再搭配上其移形換位的技巧，也讓他從原先的閃電轉化為高壓電。少了些速度卻提升了壓迫力，於是又在2012-13兩個球季，與雷霸龍・詹姆斯（LeBron James）聯手協助熱火隊完成了二連霸，成了熱火隊史三冠中不可或缺的傳奇。

移動拋投 崔・楊恩

Trae Young ／ 2018～ ／控球後衛／ 6'1" ／ 180lb

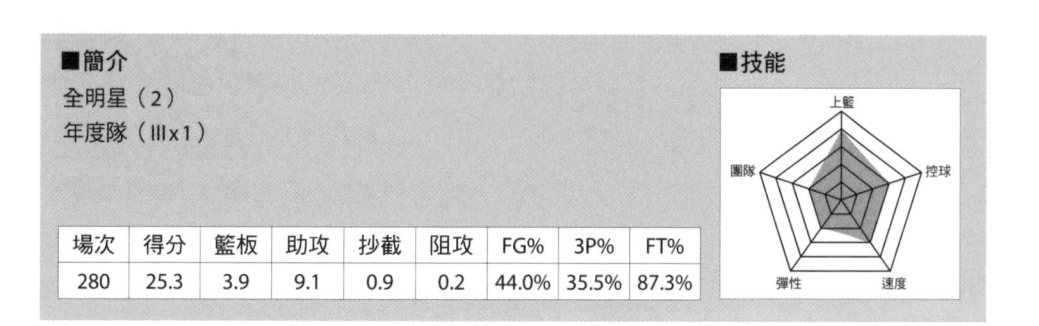

■簡介
全明星（2）
年度隊（IIIx1）

場次	得分	籃板	助攻	抄截	阻攻	FG%	3P%	FT%
280	25.3	3.9	9.1	0.9	0.2	44.0%	35.5%	87.3%

■技能

2018年選秀以第五順位進入聯盟的崔・楊恩，在球探報告中除了有著長程投籃能力外，更有極為傑出的「拋投」能力。事實證明，這項能力成為崔・楊恩進入聯盟後，最重要的看家法寶之一。

所謂的拋投，是指進攻持球者在切入到禁區後，不直接硬碰硬挑戰籃框，反而是在防守者立足未穩之際，就以較高的拋物線把球拋出得分。拋投的破壞力取決於進攻者的上籃手感、時機判斷、控球及速度掌握等，而崔・楊恩無疑是每項特質的佼佼者。

擁有犀利切入力的崔・楊恩，在每次帶球切入時，如果防守者包夾貼上來，他能夠適時地將球拋給禁區球員，也能在吸引包夾後，將球分給外線球員。

如果防守者給了崔・楊恩一點點的空間，他就能充分利用空間及時間差，在移動過程中直接完成拋投得分。就是這樣簡單的進攻組合，讓崔・楊恩的平均得分及助攻一直是聯盟中的佼佼者。

根據統計，崔・楊恩是聯盟中使用拋投得分最多的一位球星。在兩分線的領域中，崔・楊恩有超過四成的得分都是來自這招「移動拋投」。同時，崔・

楊恩的拋投還有著相當不錯的高命中率，讓防守者吃足了苦頭。

崔・楊恩的拋投是如何練成的呢？崔・楊恩的父親曾分享：「我會拿著掃把，讓崔・楊恩在上籃時，使用拋投越過掃把後得分。」就是這樣特別的訓練，造就了聯盟新一代的拋投之王。

第五部 ── 灌籃

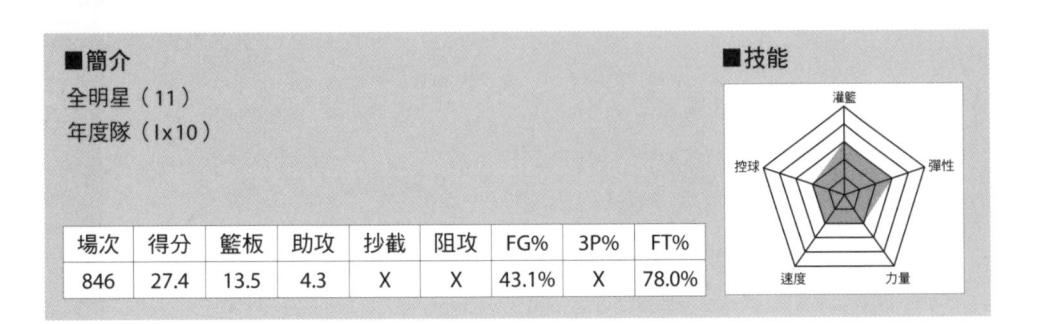

沖天扣籃 　艾爾金・貝勒

Elgin Baylor ／ 1958-72 ／ 小前鋒 ／ 6'5" ／ 225lb

■簡介

全明星（11）
年度隊（Ix10）

■技能

場次	得分	籃板	助攻	抄截	阻攻	FG%	3P%	FT%
846	27.4	13.5	4.3	X	X	43.1%	X	78.0%

在早期的籃球世界中，灌籃是長人的專利，那是個沒有胯下、大車輪、360度等華麗灌籃動作的年代，而外號「拒絕地心引力的男人」的艾爾金・貝勒，則被視為是NBA史上第一位能夠帶著球飛向天空灌籃的球星。

艾爾金・貝勒擁有卓越的身體天賦，他是當時唯一一個能夠在躍起沖向天際時，能夠在空中控制自己的平衡、並且進行動作變換後將球扣進籃框的球星。他的「沖天扣籃」大大震撼了當代球迷的目光。

艾爾金・貝勒不但是個卓越的灌籃高手，更是一位傑出的得分高手。1960-61他在對紐約尼克的一場比賽中取得了71分，打破了過去聯盟的單場得分紀錄。1961-1962球季，他每場比賽平均可砍下38.3分，這項紀錄迄今仍然沒有任何一個鋒衛球員能夠打破。

較為可惜的是，艾爾金・貝勒的扣籃是出現在電視機普及之前，使得他的絕技缺少影像的留存。然而，即使是在極為有限的影像裡，我們亦不難發現其卓越彈性及扣籃能力的線索。

他曾經從罰球線附近帶著球飛向敵方的籃框，禁區的防守是有著史上最偉大

防守者之稱的比爾・羅素（Bill Russell），艾爾金・貝勒卻在空中像隻巨鷹一樣盤旋而上，最後直接將球塞進籃框中。這一球無疑是極為珍貴的歷史影像，也印證了艾爾金・貝勒可能是籃球世界中，最早的元祖級扣將。

多米尼克・威金斯

Dominique Wilkins ／ 1982-99 ／小前鋒／ 6'8" ／ 215lb

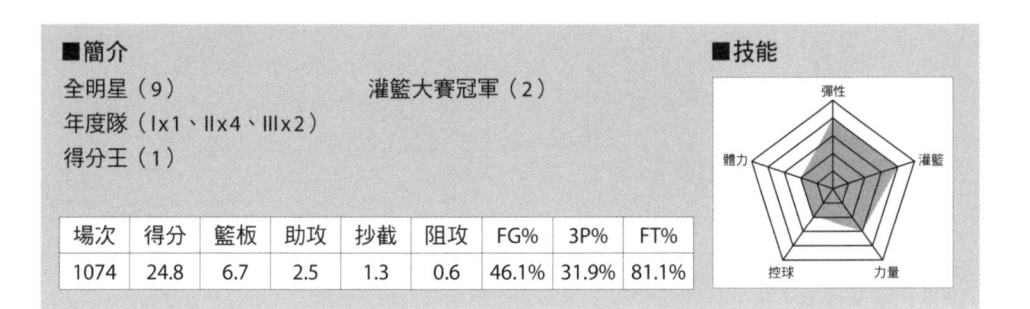

■簡介

全明星（9） 灌籃大賽冠軍（2）
年度隊（Ⅰx1、Ⅱx4、Ⅲx2）
得分王（1）

■技能

場次	得分	籃板	助攻	抄截	阻攻	FG%	3P%	FT%
1074	24.8	6.7	2.5	1.3	0.6	46.1%	31.9%	81.1%

「人類精華影片」，這是球迷為多米尼克・威金斯的「大車輪灌籃」所取的外號！用來形容他每一次灌籃時，都像在追求人類的空中體能極限一般。

所謂大車輪灌籃，指的是球員在空中拿著球作出拉桿動作，畫出一個像車輪般的大圓後，再直接將球扣進籃框的動作。這動作必須同時具備彈性、力量及協調性才能完成。這一招灌籃，更被視為檢視一名球員灌籃能力的經典動作，而這種灌籃動作的代表性球星，多米尼克・威金斯絕對是第一人。

多米尼克・威金斯生涯一共砍下了 26668 分，並於 1985-86 以每場超過 30 分的平均得分拿下得分王，無疑是當代最好的得分手之一。較可惜的是，他從未率領球隊登頂，然而，若只從扣籃這項技藝來看，他絕對是當代最好的扣將之一。

多米尼克・威金斯的大車輪灌籃，不但有著驚人的彈速及高度，且極為生猛有力，不但兼顧了力與美，同時滿足了球迷對於視覺美感及暴力美學的雙重饗宴。單以大車輪灌籃這個動作而言，鮮少人能夠與之相提並論。

1985 年的明星週末，他以過去前所未見的驚人爆發力展現大車輪灌籃，技壓

麥可‧喬丹獲得了灌籃大賽冠軍。1990年，他又為自己奪得了第二座灌籃大賽冠軍寶座。那種充滿戲劇張力及超越人體極限的扣技，都大大震撼了當代。而他與麥可‧喬丹在灌籃大賽中的龍爭虎鬥，更被視為灌籃大賽史上最經典的對決戲碼。

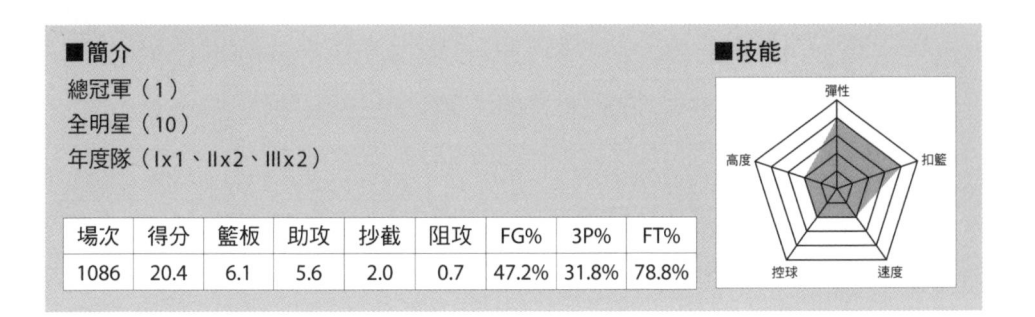

滑翔展翼　克萊德・崔斯勒

Clyde Drexler ／ 1983-98 ／得分後衛 ／ 6'7" ／ 210lb

■簡介
總冠軍（1）
全明星（10）
年度隊（I×1、II×2、III×2）

■技能

場次	得分	籃板	助攻	抄截	阻攻	FG%	3P%	FT%
1086	20.4	6.1	5.6	2.0	0.7	47.2%	31.8%	78.8%

既生瑜、何生亮？

若沒有麥可・喬丹的橫空出世，克萊德・崔斯勒可能是1980到90年代最優秀的飛人得分後衛。他有體能天賦又能帶領球隊，曾經率領拓荒者於1980年代末、90年代初進入強隊之林，更一路殺進總冠軍，無奈一個叫作麥可・喬丹的傢伙，硬是擋住了克萊德・崔斯勒的冠軍之路，也削減了其原先應該大放異彩的飛人風采。

或許在生涯的成就上不及麥可・喬丹，然而，克萊德・崔斯勒於比賽中所展現的「滑翔展翼」灌籃絕技，卻有著其他球員所不及的獨特美感及節奏。

常常能夠看到克萊德・崔斯勒從後場運著球，單手持著球就從罰球線附近緩緩升空，就像他的外號「滑翔機」一般，在空中畫出美麗的軌跡，並維持著幾乎一致的高度，然後優雅地將球扣入籃框中。這種飛行動作不像其他扣將追求的力道及動作複雜度，而更像是一種簡單優雅的藝術展現，也成為克萊德・崔斯勒最為人所熟知的比賽風格。

1994-95球季，克萊德・崔斯勒被交易至火箭隊，與他的大學隊友哈基姆・

歐拉朱旺同隊後，才圓了他的冠軍夢。這一個球季，火箭雖然打得跌跌撞撞，甚至例行賽的戰績僅排名西區第六，但他們卻在完全不被看好的情況下一路殺進了總冠軍賽，最後更以4:0壓倒性的優勢橫掃了對手。整個系列賽，「滑翔機」克萊德‧崔斯勒有著21.5分9.5籃板及6.8助攻的全能演出，是這支冠軍勁旅不可或缺的後場戰力。

野獸扣籃 尚恩・坎普

Shawn Kemp ／ 1989-2003 ／大前鋒／ 6'10" ／ 230lb

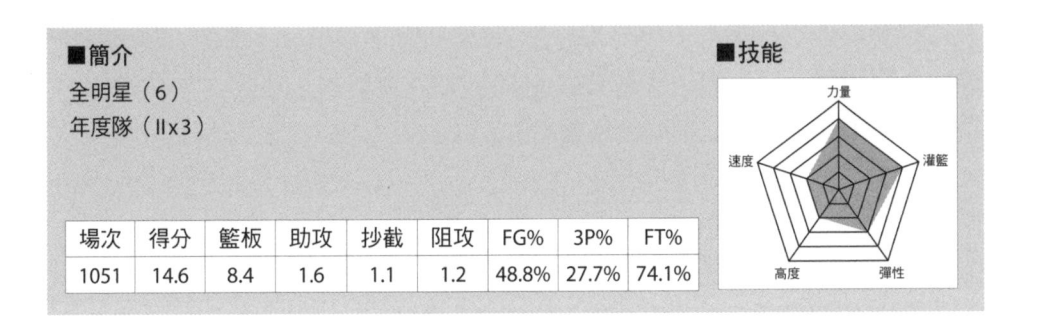

■簡介
全明星（6）
年度隊（II x3）

場次	得分	籃板	助攻	抄截	阻攻	FG%	3P%	FT%
1051	14.6	8.4	1.6	1.1	1.2	48.8%	27.7%	74.1%

■技能

（力量、速度、灌籃、高度、彈性）

不同於傳統的飛人扣將，有著「野獸」及「Reign Man」等外號的尚恩・坎普，灌籃不以輕盈優雅、姿勢優美為重點，反而以狂野、霸道且暴力的方式來侵略籃框。灌籃時讓人感覺就像是頭野獸般的狂野，其「野獸扣籃」下的犧牲者，往往有著極高的被羞辱感，從此鬥志全失，失去場上戰力。

有著6呎10吋標準大前鋒身材的尚恩・坎普，配上其優越的彈性及彈速，經常在對手尚不及反應前，就以迅雷不及掩耳的速度騎到對手的頭上，狠狠地將球砸進籃框，屠殺了防守者的鬥志，更撕毀了防守者的尊嚴。

無論是於高空抓球後的空中狠狠砸框，還是一手壓住對手身軀，一手抓著球狠狠在對手頭上砸框的暴力扣籃，尚恩‧坎普這種「野獸派」的扣籃，總是具有一種殘酷的美感，是一種從心理到生理層面澈底撕裂對手氣焰的風格。這類灌籃在球場上產生的作用極大，能夠大殺對方士氣。

在1990年代，由尚恩‧坎普及蓋瑞‧裴頓（Gary Payton）聯手帶領的超音速隊，曾有過一段輝煌的隊史。他們有四個球季拿下超過60勝，更於1996年一路殺入總冠軍，與麥可‧喬丹所率領的72勝芝加哥公牛隊血戰六場後，才敗陣下來。然而即使如此，尚恩‧坎普的野獸扣籃，早已是當代球迷最深刻、也最血脈賁張的共同回憶。

死亡之扣　文斯・卡特

Vince Carter ／ 1998-2020 ／小前鋒／ 6'6" ／ 220lb

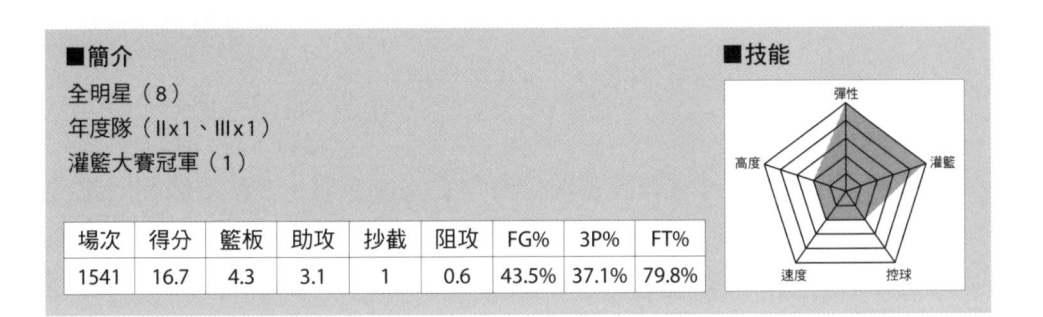

■簡介

全明星（8）
年度隊（IIx1、IIIx1）
灌籃大賽冠軍（1）

場次	得分	籃板	助攻	抄截	阻攻	FG%	3P%	FT%
1541	16.7	4.3	3.1	1	0.6	43.5%	37.1%	79.8%

■技能

彈性
高度
灌籃
速度
控球

1998年麥可・喬丹宣布退休，讓NBA失去了焦點，加上勞資糾紛使NBA陷入封館的命運，雖然最後重啟聯盟展開縮水球季，仍難逃觀眾流失的陰影。

此時，外號「半人半神」的文斯・卡特以不可思議的空中美技，空降到了NBA，並以各種雷霆萬鈞的花式扣籃，重新為籃球世界找到了驚奇，並凝聚了高度的人氣。

文斯・卡特的扣籃，已達到半人半神的境界。一般的球員灌籃往往是將身體延展至極限後將球扣進，然而文斯・卡特的扣籃卻讓人感到一種游刃有餘、毫無拘束的瀟灑感，讓人似乎看不見他在天空的極限為何。

2000年雪梨奧運與法國隊的對決中，文斯・卡特在抄到了對手的傳球後，竟毫不猶豫直接飛越法國218公分的大中鋒弗雷德里克・維斯（Frederic Weis）頭上後，狠狠將球扣進籃框。這一記灌籃，被命名為「死亡之扣」，更被譽為奧運史上最精采的第一好球。

文斯・卡特的灌籃絕非僅是在灌籃大賽中表演的花拳繡腿，除了不斷在對方高大中鋒的頭上扣籃外，他更有可能是史上最能夠飛越防守者的灌籃者，幾

乎聯盟中所有最優秀的大個子，都曾被他的死亡之扣洗禮過。

單以灌籃的才氣及霸氣而言，文斯‧卡特可能是多數人心中的史上第一人，崔西‧麥葛瑞迪就曾打趣地說：「NBA有兩種扣籃，一種叫文斯‧卡特，另一種叫其他。」

布雷克・葛里芬

Blake Griffin ／ 2010~ ／大前鋒／ 6'9" ／ 250lb

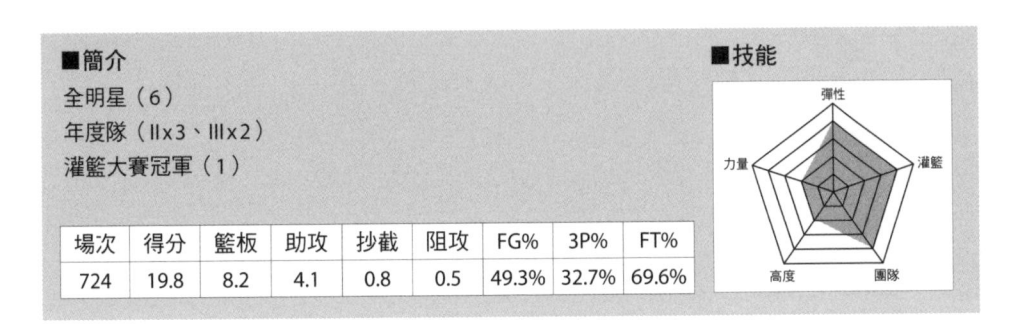

■簡介

全明星（6）
年度隊（II x 3、III x 2）
灌籃大賽冠軍（1）

場次	得分	籃板	助攻	抄截	阻攻	FG%	3P%	FT%
724	19.8	8.2	4.1	0.8	0.5	49.3%	32.7%	69.6%

■技能

（雷達圖：彈性、灌籃、團隊、高度、力量）

除了第一年因傷無法上陣外，布雷克・葛里芬從他的第二個（2010-11）球季開始，就已展現了強大的籃框轟炸能力，無論是騎在對手身上的爆扣，還是在空中拿到球後的空中灌籃，招招都展現出其優越又弒血的灌籃能力。

2011-12球季，後場指揮官克里斯・保羅（Chris Paul）加盟了快艇隊與布雷克・葛里芬搭檔，再加上同樣善於灌籃的大中鋒德安德魯・喬丹（DeAndre Jordan），這支球隊從此有了「空拋之城」的美名，成為聯盟中最能代表空中灌籃（Alley opp）的球隊，而布雷克・葛里芬則是這支空拋之城中，執行「空中灌籃」的最佳終結者。

空中灌籃指的是一名球員助攻將球拋至空中後，由另一名球員在空中接到球後將球扣進。這是一項頗需要團隊默契的灌籃動作，傳球者傳球的時間點及位置，以及灌籃者的速度、彈性、判斷力及扣籃能力缺一不可，而布雷克・葛里芬無疑是這項絕技的強大終結者。

布雷克・葛里芬的彈性過人，同時又具有強大的力量，能夠在空中與對手發生碰撞時，仍能在撞開阻擋者後將球塞進籃框，甚至經常在空中灌籃時，還能加上大車輪後將球狠狠扣進。

2011年的全明星賽灌籃大賽中，布雷克‧葛里芬直接將一台汽車開到了籃球場中，並由隊友貝倫‧戴維斯（Baron Davis）透過汽車的天窗將球扔到了空中，而布雷克‧葛里芬則飛越了汽車，並在空中接到這個傳球後完成驚人的飛越汽車之空中灌籃，拿下2011年的灌籃大賽冠軍。

談到空中灌籃，布雷克‧葛里芬絕對是箇中好手。

火把燒天 揚尼斯‧安戴托昆波

Giannis Antetokounmpo ／ 2013~ ／大前鋒／ 6'11" ／ 242lb

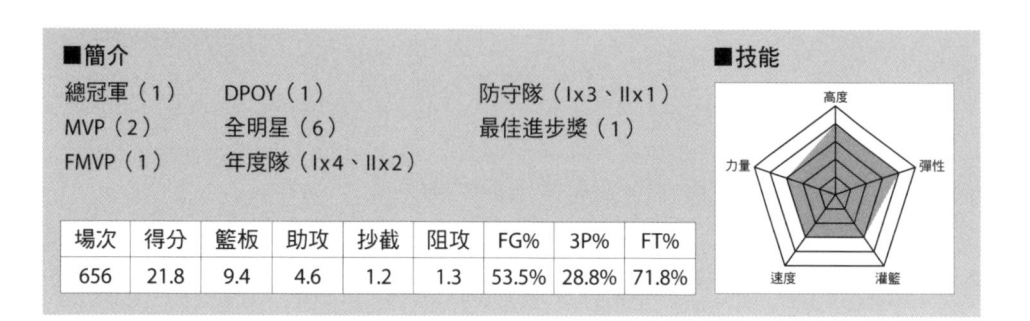

■簡介

總冠軍（1）	DPOY（1）	防守隊（Ix3、IIx1）
MVP（2）	全明星（6）	最佳進步獎（1）
FMVP（1）	年度隊（Ix4、IIx2）	

■技能

場次	得分	籃板	助攻	抄截	阻攻	FG%	3P%	FT%
656	21.8	9.4	4.6	1.2	1.3	53.5%	28.8%	71.8%

2013年才加入聯盟的揚尼斯‧安戴托昆波，就以驚人的速度進步及成長，不但拿下2017年最佳進步獎、2019及2020之年度MVP、2020最佳防守球員，更搶下2021年總冠軍MVP之頭銜，幾乎囊括了所有NBA中的重要獎項。

被稱為「希臘怪物」的揚尼斯‧安戴托昆波，有著極為驚人的體能天賦。主打前鋒的他有著6呎11吋的身高、7呎4吋的臂展、25公分的巨掌，再加上40吋以上的垂直起跳高度，這樣的天賦條件，就打造出揚尼斯‧安戴托昆波的驚人絕技「火把燒天」。

揚尼斯‧安戴托昆波不單單是個大個子，更是個集速度、彈性及力量於一身的大個子，經常能看到他在後場拿到球後就直接帶球往前殺，且由於他的步伐實在太大，往往只需要運個一兩次球後，就能在離籃框頗遠的距離直接收球，然後將球像是聖火般高高舉起，一個大跨步後，就直接將球由上而下灌進籃框中。

揚尼斯‧安戴托昆波這招火把燒天式的灌籃，不但常常讓球迷驚呼連連，更能大殺對手士氣，經常在一個不可能的空間中，他就硬是能在防守者的簇擁下，將球狠狠地扣進。防守者要嘛沒有他高，要嘛沒有他快，最後就只能成

為這招絕技下的受害者及背景。

2020-21球季，揚尼斯‧安戴托昆波成功地兌現了他的天賦。他在總冠軍賽中用火把燒天大殺四方，整個系列賽繳出35.2分13.2籃板5.0助攻、命中率61.8%的全能數據摘下總冠軍，更無懸念地拿下總冠軍MVP。這頭高舉火把的希臘怪物，無疑已成為新生代中最具代表性的球星之一。

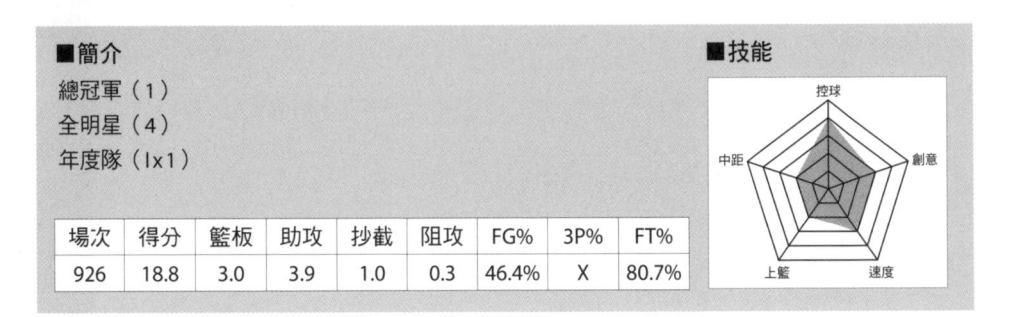

厄爾‧孟洛

Earl Monroe ／ 1967-80 ／得分後衛／ 6'3" ／ 185lb

■簡介

總冠軍（1）
全明星（4）
年度隊（1x1）

■技能

場次	得分	籃板	助攻	抄截	阻攻	FG%	3P%	FT%
926	18.8	3.0	3.9	1.0	0.3	46.4%	X	80.7%

1970年代戰局紛亂的NBA，紐約尼克隊無疑是其中最成功的球隊之一。他們有著優越的團隊戰力，更有充滿天賦及炫目球風的後場。在1973年協助紐約尼克隊獲得冠軍的厄爾‧孟洛，正是塑造當代紐約尼克隊多元球風的關鍵因子之一。

主打得分後衛的厄爾‧孟洛，有著充滿觀賞性的比賽風格，同時擁有讓人眼花撩亂的控球及過人技巧，他是當代最優秀的控球及得分高手之一。而在多

元的街頭控球技巧中，外號「黑珍珠」的得分後衛又以「轉身運球」最讓對手頭疼。

厄爾·孟洛在十三年的NBA生涯中，每場平均可獲得18.8分，更曾於1968-69球季攻下25.8的平均得分，觀眾愛他的得分能力，更愛他的得分方式。厄爾·孟洛喜歡在籃下附近轉身、轉身再轉身，並在起跳後作出拉桿動作，在一個幾乎快失去重心的情況將球弄進籃框中。他的大幅度搖擺動作，就像顆黑色的珍珠般，讓對手滑不溜手，讓球迷愛不釋手。

厄爾·孟洛有其在NBA歷史上的意義，他將過去原本中規中矩的運球進攻技巧，加上了更多表演性的戲碼，並將原先在街頭籃球上運用的運球技巧，帶到了NBA聯盟中，在不少一對一單挑時，發揮能夠活用的控球技巧，這對於之後的NBA籃球越來越具觀賞性，有著頗為重要的傳承意義。

穿人運球 以賽亞・湯瑪斯

Isiah Thomas ／ 1981-94 ／控球後衛／ 6'1" ／ 180lb

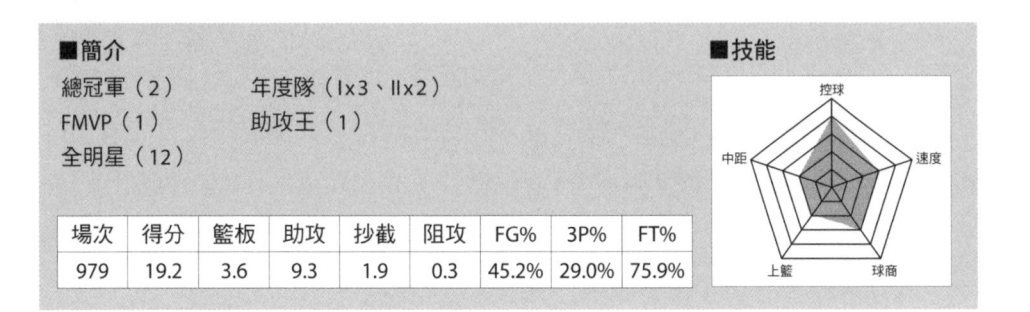

■簡介

總冠軍（2）　　　年度隊（Ix3、IIx2）
FMVP（1）　　　助攻王（1）
全明星（12）

場次	得分	籃板	助攻	抄截	阻攻	FG%	3P%	FT%
979	19.2	3.6	9.3	1.9	0.3	45.2%	29.0%	75.9%

■技能

他總是帶著笑容，只是這個笑容並不和善，甚至有點邪惡，人們叫他作「微笑刺客」；若從他的籃球技藝來看，人們則稱他為「運球教科書」，他是以賽亞・湯瑪斯。

有著運球教科書美名的以賽亞・湯瑪斯，運球技巧出神入化。身為刺客的他，總是帶著球穿入對手防線中，就像一把利刃刺入對手核心地帶一樣，即使身邊有三、四個敵方防守者想要包夾抄截他，仍然能夠以極低的重心讓球黏著自己，就算已跌倒在地板上，這顆球仍然活生生地跳躍圍繞於以賽亞・湯瑪斯左右。這顆球想抄也抄不走，而這個刺客卻想趕也趕不走，或切或傳或投都在以賽亞・湯瑪斯的掌握中。

以賽亞・湯瑪斯能夠使用各種運球技巧，也善於運球穿梭在球場的任何一個角落，再見機找到得分或助攻的機會。同時，他的球風極度強悍，以他為首的底特律活塞被認為是史上最兇惡的冠軍球隊，令對手望之而生怯、聞風而喪膽。

以賽亞・湯瑪斯僅有6呎高，生涯卻有著19.2分9.3助攻的優異數據，他有著極強的好勝力及控制比賽的能力，不但是活塞隊史上的得分王、助攻王及

抄截王，更協助1980年代後期的底特律活塞隊成為一支冠軍勁旅，於1989
年及1990年連續兩年拿下總冠軍，完成了二連霸的不凡成就。

Tim Hardaway ／ 1989-2003 ／控球後衛／ 6'0" ／ 175lb

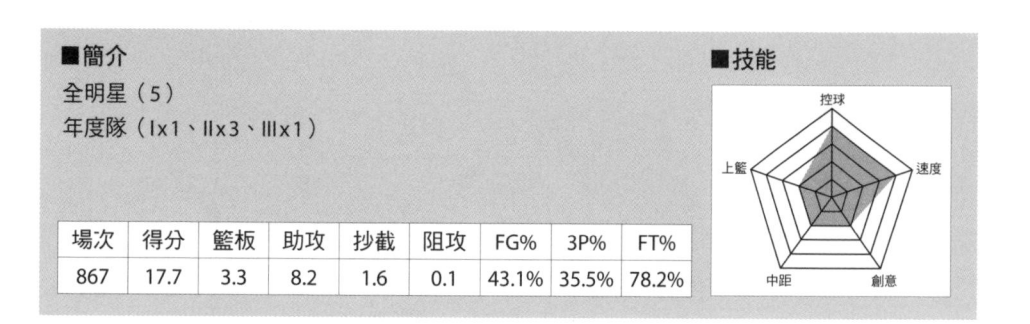

■簡介

全明星（5）

年度隊（I x1、II x3、III x1）

■技能

場次	得分	籃板	助攻	抄截	阻攻	FG%	3P%	FT%
867	17.7	3.3	8.2	1.6	0.1	43.1%	35.5%	78.2%

「胯下運球」是現代籃球運球時常見動作之一，指的是在運球時讓球交叉穿梭於雙腿間，以破壞防守者的防守重心及位置，再藉機找到得分機會的控球招式。而談到這項技術，有著胯下運球之王的提姆・哈德威，絕對是箇中翹楚。

當提姆・哈德威於 1988 年加入聯盟時，這招「胯下運球」絕技就是他打天下最重要的神兵絕學。提姆・哈德威的胯下運球變化莫測，且運球速度獨步聯盟，可在短短的瞬間作出數次的連續胯下運球，再抓住一瞬間的空檔突破防守者後，切入禁區拿下分數。

藉由這招連續胯下運球，提姆‧哈德威不但為自己創造出大量的得分機會，透過突破後的分球，提姆‧哈德威也同時為隊友找到了不少的得分機會。提姆‧哈德威從第二個球季開始，連續三個球季的數據達到將近 20 分 10 助攻的頂級控球後衛水準。他有個外號「The Bug」，代表著他的連續胯下運球，就像遊戲程式中的一個 BUG，足以破壞整個遊戲的平衡。

魔術強森如此形容提姆‧哈德威的胯下運球：「提姆‧哈德威運球時，當你聽到『砰砰』兩聲（連續胯下運球），代表你要被他突破了，只能準備接受失敗。當提姆‧哈德威開始施展連續胯下運球時，防守者根本猜不到他的去向，而當防守者陷入了提姆‧哈德威的節奏時，就只有兩個結果，一個被他突破後得分，一個自己先被晃倒在原地後，再被他突破得分。」

換手運球　艾倫・艾佛森

Allen Iverson ／ 1996-2010 ／得分後衛／ 6'0" ／ 165lb

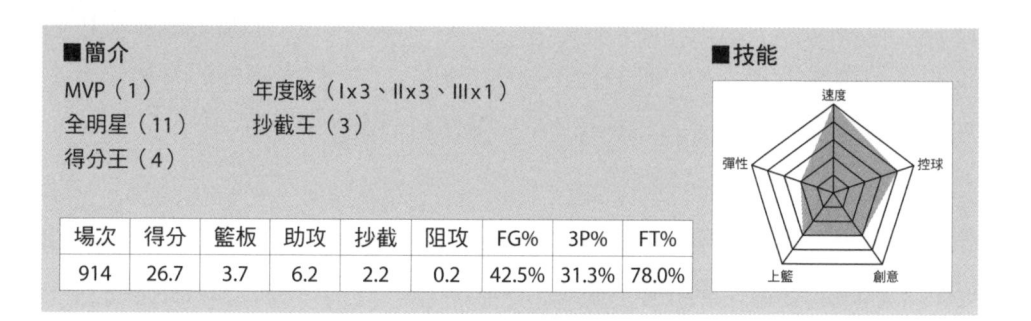

■簡介

MVP（1）	年度隊（Ⅰx3、Ⅱx3、Ⅲx1）
全明星（11）	抄截王（3）
得分王（4）	

場次	得分	籃板	助攻	抄截	阻攻	FG%	3P%	FT%
914	26.7	3.7	6.2	2.2	0.2	42.5%	31.3%	78.0%

■技能

天下武功，唯快不破，以6呎之軀奪得四次聯盟得分王的艾倫・艾佛森，不但是歷史上最矮的得分王，更是速度最快的一個，搭配上其驚世駭俗的神兵絕技Crossover「換手運球」，造就了這個不平凡的得分王傳奇。

憑藉著與生俱來的速度與節奏感，當艾倫・艾佛森踏上NBA戰場的那刻起，他的換手運球就已經是一招逢人必過、難以阻擋的絕招了。即使第一次與麥可・喬丹單挑，艾倫・艾佛森仍然無所畏懼，以連續三次的換手運球假動作，晃開了麥可・喬丹後跳投得分，此一經典畫面迄今仍然讓人印象深刻。

一般的球員在運球時，多會將球貼緊自己的身體，然而擁有優異臂展及大手的艾倫・艾佛森，在每次晃人時總是能將球拉到很遠後，再以超絕的速度換手運球後迅速過人得分。

有人說艾倫・艾佛森的動作，就像是一部快轉的精采影片一樣，一般的防守者根本無法跟上他的速度及節奏；再加上其大範圍的換手運球，使防守者的雙腳很快就失去控制不聽使喚，只能眼睜睜看著艾倫・艾佛森一次又一次地展現其不凡的絕技，看著艾倫・艾佛森的計分榜一次又一次地往上跳動。

艾倫‧艾佛森換手運球最大的特色，在於他擁有視重心如無物的晃人節奏，能夠快速地切換整個重心。跟其他喜好採用複雜動作的球員不同，艾倫‧艾佛森往往只需要一個肩膀晃人假動作，並抓住瞬間的時間差，就可以在防守球員未及找到重心前，立刻過人取分。

在艾倫‧艾佛森進行操刀時，就常常可以看到他在進行了幾次的換手運球後，對手的重心及信心早已盡失，幸運的防守者尚能待在原地看著艾倫‧艾佛森得分，若過於勉強自己跟上，可能就必須面對「跌股」四腳朝天的窘境了。

馬紐·吉諾比利

Manu Ginobili ／ 2002-18 ／得分後衛／ 6'6" ／ 205lb

■簡介

總冠軍（4）	最佳第六人（1）
全明星（2）	奧運MVP（1）
年度隊（Ⅲx2）	

■技能

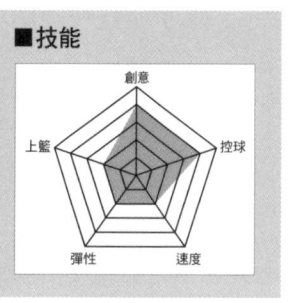

場次	得分	籃板	助攻	抄截	阻攻	FG%	3P%	FT%
1057	13.3	3.5	3.8	1.3	0.3	44.7%	36.9%	82.7%

從1992年巴塞隆納奧運美國夢幻一隊成軍以來，籃球運動的奧運金牌幾乎從來沒有懸念，都是屬於美國夢幻隊所有，直到2004年雪梨奧運，美國隊這項籃球神話才被打破。而當年的金牌正是由馬紐·吉諾比利領軍的阿根廷所得，而馬紐·吉諾比利更是當年籃球奧運會的MVP最佳球員。

馬紐·吉諾比利的球風詭異猶如鬼魅，有著與他人截然不同的控球節奏，我們可稱之為「變奏鬼切」

鬼切的奧妙之處在於其詭譎多變的節奏及腳步。馬紐‧吉諾比利在切入時的動作並不算特別快，然而，他前進的方向卻著實讓人難以掌握，彷彿上半身與下半身是分開行動一般，常常看著他往右邊的方向前進，整個人及腳步卻往反方向跑，就是有辦法從敵陣的縫隙中殺入，再搭配其優異的彈性及上籃技巧，不但能在空中閃過對手的封阻，甚至能夠直接來個飛身扣籃。

馬紐‧吉諾比利的控球讓人難以預測，經常出現不少超乎人們想像的動作。馬紐‧吉諾比利擁有過人的球場預測力，總能提前看穿防守者的節奏及意圖，再以更詭譎的節奏打亂對手的步伐，他所仰賴的不是比對手高或壯，而是比對手更「怪」。

馬紐‧吉諾比利在球場上能攻能守又能助攻，不但是馬刺隊重要的後場核心，更協助球隊奪得了三次的總冠軍，不但在國際賽有著傑出的成就，更在NBA的戰場上締造許多不凡的成績。

雷霸龍・詹姆斯

LeBron James ／ 2003~／小前鋒／6'9"／250lb

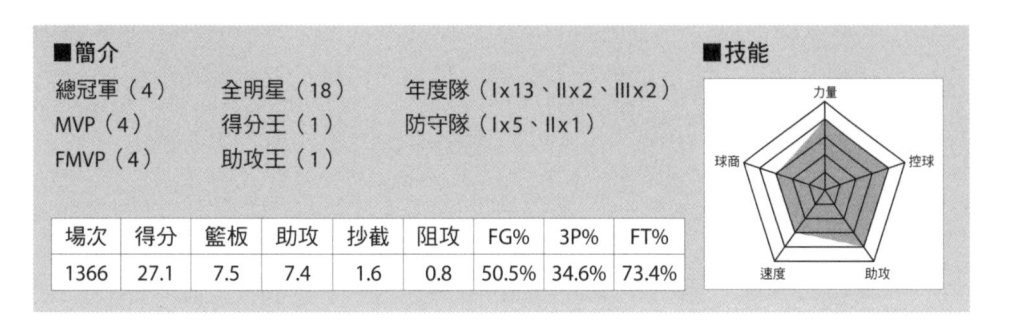

■簡介

總冠軍（4）	全明星（18）	年度隊（Ⅰx13、Ⅱx2、Ⅲx2）
MVP（4）	得分王（1）	防守隊（Ⅰx5、Ⅱx1）
FMVP（4）	助攻王（1）	

■技能

場次	得分	籃板	助攻	抄截	阻攻	FG%	3P%	FT%
1366	27.1	7.5	7.4	1.6	0.8	50.5%	34.6%	73.4%

有著帝皇之命的雷霸龍・詹姆斯在初入聯盟時，就被視為NBA未來的棟樑及招牌。他有著精悍的體魄、天賦異稟的球感及得分爆發力，更有著無私的球風及無死角的傳球能力，當這些卓越的特質合而為一時，就締造出雷霸龍・詹姆斯這招必殺的進攻起手式「探步壓境」。

雷霸龍・詹姆斯在拿到球之後，最常使用的進攻方式，便是由這招探步壓境串聯起整個攻勢。當他綜觀全局掌握了對手防守陣勢後，會先在三分線外運球踩起他的試探步，若對手包夾或退堵防守，雷霸龍・詹姆斯即可立刻尋隙助攻或拔起跳投，若對手未包夾退堵，哪怕只有一絲的破綻，雷霸龍・詹姆斯就會啟動進攻，透過他強悍的體魄及控球技巧直接壓境切入，殺入對手防線的心臟地帶。

雷霸龍・詹姆斯能吸引到絕大多數對手的目光，為隊友製造出更多的得分空間。以雷霸龍・詹姆斯的天賦及能力，在探步壓境進入對手心臟地帶後，立刻能以萬夫莫敵之勢攻陷敵陣得分。然若對手此時包夾協防，有著傑出傳導技巧的雷霸龍・詹姆斯，瞬間即能配合自己的控球節奏，找到擁有空檔的隊友，傳出妙傳助攻。能切能投，能轟炸籃框又能助攻，擁有幾近全能球風的雷霸龍・詹姆斯，可說是史上最強大進攻發動者。

雷霸龍・詹姆斯曾率領球隊十次殺入總冠軍賽，更是NBA歷史上第一位曾率領三支不同的球隊奪冠、並同時拿下總冠軍賽MVP的球星。可以說，擁有雷霸龍・詹姆斯探步壓境之力的球隊，就是擁有冠軍體系的球隊。

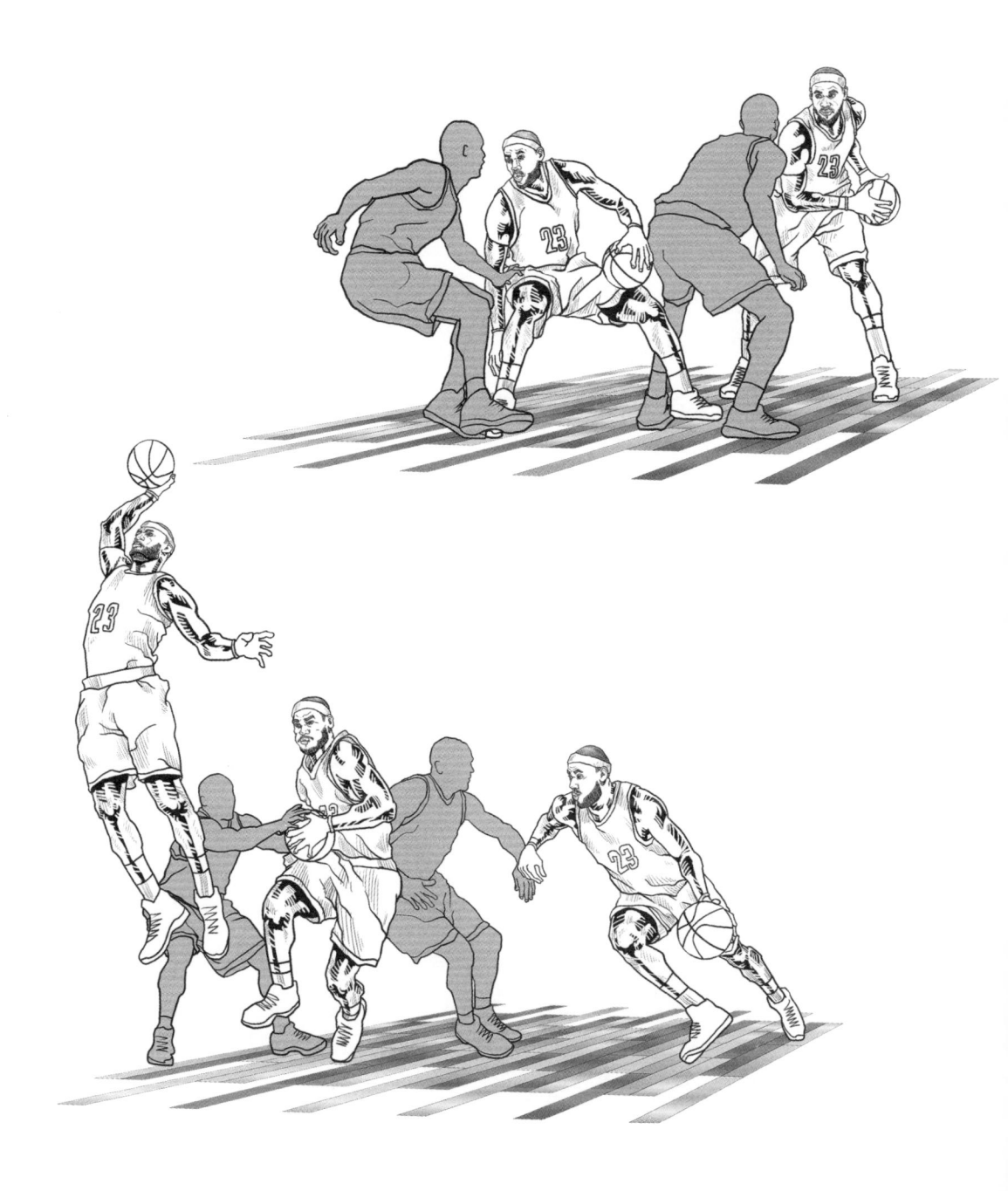

全速變向 德瑞克・羅斯

Derrick Rose ／ 2008～／控球後衛／ 6'2" ／ 220lb

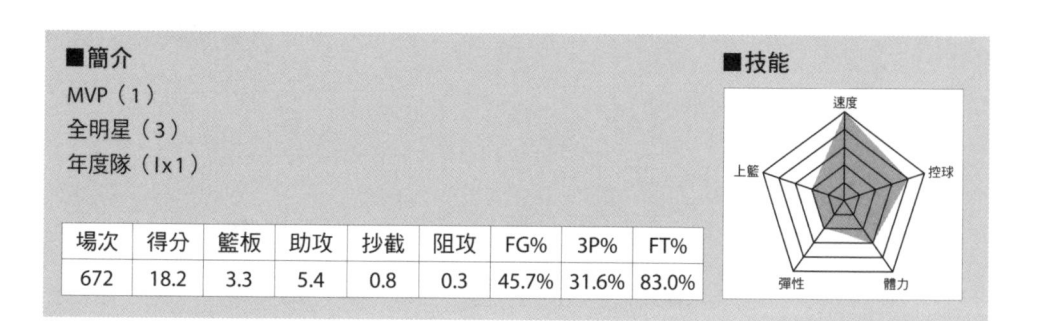

■簡介

MVP（1）
全明星（3）
年度隊（1x1）

場次	得分	籃板	助攻	抄截	阻攻	FG%	3P%	FT%
672	18.2	3.3	5.4	0.8	0.3	45.7%	31.6%	83.0%

■技能

速度
控球
體力
彈性
上籃

貴為2008年選秀狀元的德瑞克・羅斯，從第一個球季開始，就展現了其不凡的速度、控球及挑戰籃框的能力，不但摘下當年新人王的頭銜，更一舉帶隊殺入了季後賽。到了2010-11的第三個球季，德瑞克・羅斯更一舉率領球隊拿下全聯盟的最佳戰績，摘下了當年度MVP的頭銜，成為NBA史上最年輕的MVP得主。

有著「飆風玫瑰」外號的德瑞克・羅斯，在場上最可怕的絕招便是「全速變向」。他總是像一陣風一樣，能夠帶著球全場飛奔，並在與防守者對陣時，在幾乎不減速的情況下變向過人得分。

德瑞克‧羅斯這招全速變向，是他的獨門絕學。一般球員在控球時，往往會有速度差，只能夠在最需要速度的短暫瞬間將速度拉到最快，然而，德瑞克‧羅斯卻能夠在全速控球切入時，作出多次的變向過人；更可怕的是，德瑞克‧羅斯不單單擁有超絕的速度，更擁有超絕的彈性及力量，能夠在過人後一躍而起，直接將球塞進籃框中。

德瑞克‧羅斯這種不符合人體工學的全速變向打法，確實為他打響了「飆風玫瑰」的金字招牌，讓他成為MVP等級的明星球員。然而這樣的打法，卻也同時為德瑞克‧羅斯帶來龐大的身體負荷，讓他在職涯中經常得與傷病為伍，也成了球迷心目中最可惜的流星球星之一。

凱里・厄文

Kyrie Irving ／ 2011～／控球後衛／ 6'2" ／ 195lb

■簡介

總冠軍（1）	50-40-90（1）
全明星（7）	三分球大賽冠軍（1）
年度隊（Ⅱx1、Ⅲx2）	

場次	得分	籃板	助攻	抄截	阻攻	FG%	3P%	FT%
611	23.1	3.8	5.7	1.3	0.4	47.0%	39.3%	88.2%

■技能

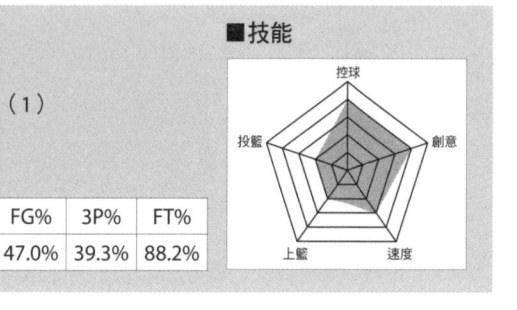

談到運球能力，在每一個時代都有各自的代表人物，而談到在2010年之後NBA裡控球能力最強的球星，凱里・厄文可能會是多數人心目中的第一人。曾有資深記者實際訪問過多名NBA球星，結果凱里・厄文被認為是當代控球殺傷力最強的球星。

凱里・厄文幾乎精通所有的花式控球技巧，不但具有創意且變化多端，讓防守者難以預測凱里・厄文手上的球，下一秒到底會出現在什麼地方。凱里・厄文還能將所有的控球動作結合，作出一連串行雲流水的花式控球，而當中「背後運球」的運用，更是凱里・厄文的拿手好戲。

所謂的背後運球，指的是以身體作為屏障在身後的控球動作，以迷惑防守者的防守節奏。而凱里・厄文可能是史上最善於運用背後運球、創造出多元運球動作的球星。

凱里・厄文能夠在與防守者的對位中，瞬間作出數個連續背後運球動作（double behind the back move），讓防守者被釘在原地後，再迅速選擇一邊過人後揚長而去得分。他也能在作出一個背後運球後的瞬間，加上轉身動作，將防守給甩在原地。而且，他還能在上籃收球後，直接在背後將球繞到另一邊後上籃得手。

凱里・厄文的控球是如何磨練而成？凱里・厄文說：「練習、練習，再練習！然後發揮你的想像力，在練習過程中模擬演練任何防守狀況，實戰中就能迎刃而解。」

摘星拱月　威爾特・張伯倫

Wilt Chamberlain ／ 1959-73 ／中鋒／ 7'1" ／ 275lb

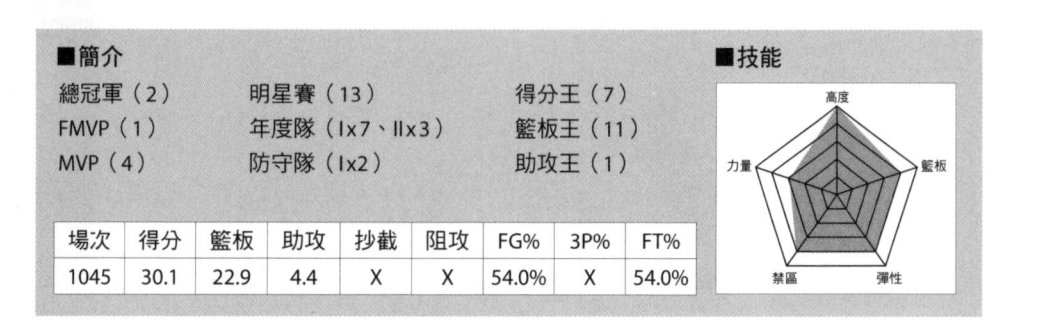

■簡介

總冠軍（2）	明星賽（13）	得分王（7）
FMVP（1）	年度隊（Ix7、IIx3）	籃板王（11）
MVP（4）	防守隊（Ix2）	助攻王（1）

場次	得分	籃板	助攻	抄截	阻攻	FG%	3P%	FT%
1045	30.1	22.9	4.4	X	X	54.0%	X	54.0%

■技能

（雷達圖：高度、籃板、彈性、禁區、力量）

史上最可怕的紀錄大王威爾特・張伯倫，在籃球世界中留下了無數的天文數字，包括1961-62球季的全季50分平均得分、單場100分的得分紀錄，以及史上最多的十一屆籃板王頭銜。這些紀錄不但空前，可能也是絕後了。而威爾特・張伯倫用來創造這些紀錄的，便是「摘星」及「拱月」這兩項神兵絕技。

在威爾特・張伯倫的大學時期，教練為擁有絕對身體天賦的威爾特・張伯倫設計了一招難以破解的絕招：摘星。當球隊準備在進攻端發底線球時，隊友直接站在籃板後方發球，接著將球高吊穿過籃板上緣來到籃框上方，威爾特・張伯倫則直接在空中摘星，掌握這顆籃板球後，就將球第一時間塞進籃框中。當時的籃球場上沒有人擁有他的身體天賦，於是就只能眼睜睜看著他摘星後，一次又一次的肆虐自家籃框。

除了這招摘星神技外，威爾特・張伯倫之所以能在NBA聯盟中創下無數的恐怖紀錄，靠的是他另一項絕技「拱月」。在當時的聯盟中，威爾特・張伯倫的身體天賦及進攻才華幾乎無人能及，當他在禁區摘下球後，甚至不用看籃框，只要輕輕踮起腳，手臂畫出一道弧形，就能輕鬆將球拱進籃框。

擁有7呎1吋的身高及過人的臂長，加上彈速極快、力量又大的威爾特·張伯倫，幾乎無人能夠防堵，僅能被他的巨大身軀壓制於下方。恨天之高更恨威爾特·張伯倫之能，只能看著位於天際的威爾特·張伯倫摘星拱月，寫下紀錄、創造歷史。

奪板補籃 摩斯・馬龍

Moses Malone ／ 1974-95 ／中鋒／ 6'10" ／ 260lb

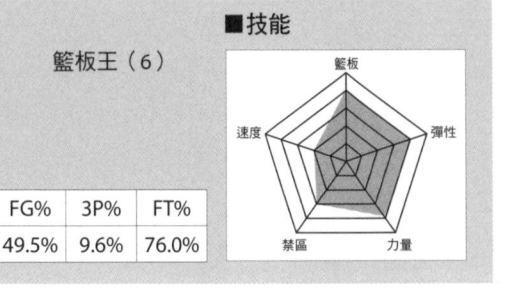

■簡介

總冠軍（1）	全明星（ABA x 1、NBA x 12）	籃板王（6）
FMVP（1）	年度隊（I x 4、II x 4）	
MVP（3）	防守隊（I x 1、II x 1）	

場次	得分	籃板	助攻	抄截	阻攻	FG%	3P%	FT%
1455	20.3	12.3	1.3	0.8	1.3	49.5%	9.6%	76.0%

■技能

摩斯・馬龍是高中生直接挑戰NBA的先驅之一，他以6呎10吋的身高及260磅的噸位擔任中鋒。他的身高雖然算不上高大，然而卻有著相當強壯的體魄及噸位，就像台戰車一樣在場上橫衝直撞，一次又一次的侵犯對方的禁區。

摩斯・馬龍在新秀球季就有著18.8分14.6籃板的怪獸數據。身高雖然在中鋒領域沒有優勢，然而摩斯・馬龍從得分、籃板到防守能力，卻完全不遜色於任何聯盟的天王中鋒，特別是進攻端的可怕籃板能力。

聯盟從1973-74球季才開始有進攻籃板的統計，摩斯・馬龍不但曾經抓下六屆籃板王頭銜，更是史上的「進攻籃板」王者，他能夠在禁區的進攻端一而再、再而三地抓下進攻籃板，再以其粗野的身材及爆發力侵略對手籃框。摩斯・馬龍「奪板補籃」的功力超絕，甚至不需將球抓下，就能以其優越的連續彈速，在空中不斷進行補籃的動作，對手既沒有其粗壯的體魄，又沒有其快速的彈速，只能待在禁區中任其擺布。

摩斯・馬龍生涯一共獲得三次的年度MVP，在NBA歷史中能有這種成就的人並不多。1982-83球季，摩斯・馬龍加入七六人隊的第一年，就帶領球隊殺入總冠軍，並打敗了如日中天的洛杉磯湖人隊，摩斯・馬龍更一舉囊括

了當年的例行賽及總冠軍賽MVP。在他退休時，搶下的總進攻籃板（6731個）及平均進攻籃板（5.1個）紀錄，至今仍然高掛於NBA紀錄榜上。

怪蟲蝕板　丹尼斯・羅德曼

Dennis Rodman ／ 1986-2000 ／大前鋒／ 6'7" / 210lb

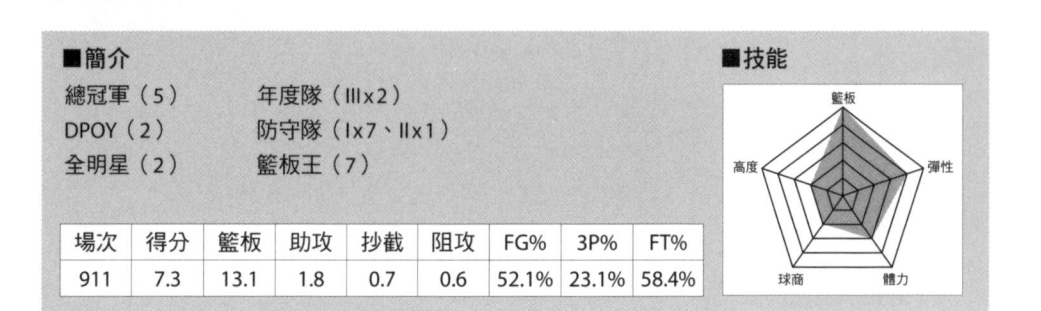

■簡介

| 總冠軍（5） | 年度隊（III x 2） |
| 防守隊（I x 7、II x 1） |
| DPOY（2） | |
| 全明星（2） | 籃板王（7） |

場次	得分	籃板	助攻	抄截	阻攻	FG%	3P%	FT%
911	7.3	13.1	1.8	0.7	0.6	52.1%	23.1%	58.4%

■技能

多次元生命體的昆蟲，被認為擁有人所不及的預知能力，能夠預測並感知天災。而有著「百變怪蟲」之稱的丹尼斯・羅德曼，也被認為擁有NBA史上最強的籃板預測力。

丹尼斯・羅德曼於1991-92球季以全季平均18.66籃板，拿下了他的第一個籃板王頭銜。這個單季平均籃板數是NBA近五十年來之最，從這個籃板王開始，他更完成了史上最長的籃板王七連霸偉業。

丹尼斯・羅德曼對於籃板球具有天生的預知能力及敏銳性，即使身高及體格不如人，但他卻有著靈活的連續彈跳及瞬間彈速；而最重要的，是他有著無人能比的「籃板落點」預知能力，因此都能早一步踩住有利位置進行卡位，再一個箭步與其他人拉開距離，將球往天空撥，一而再、再而三地撥，最後籃板球往往就是能夠重回他的掌握。

看丹尼斯・羅德曼抓籃板，就像看著一隻怪蟲一次又一次地侵蝕籃板一樣，想整治他卻又無可奈何。

丹尼斯・羅德曼不但是個可怕的籃板王，更是一個極度難纏的防守者。曾經

兩度被選為年度最佳防守球員的丹尼斯・羅德曼，總是能幹盡所有的防守髒活，更無所不用其極地惹毛對手，在為球隊提供最堅實防守及籃板能量的同時，更在精神面給予對手最沉重的打擊。

談到「籃板球」這項領域，丹尼斯・羅德曼的「怪蟲蝕板」，絕對是所有對手最頭痛的存在。

凱文・賈奈特

Kevin Garnett ／ 1995-2016 ／大前鋒／ 6'11" ／ 240lb

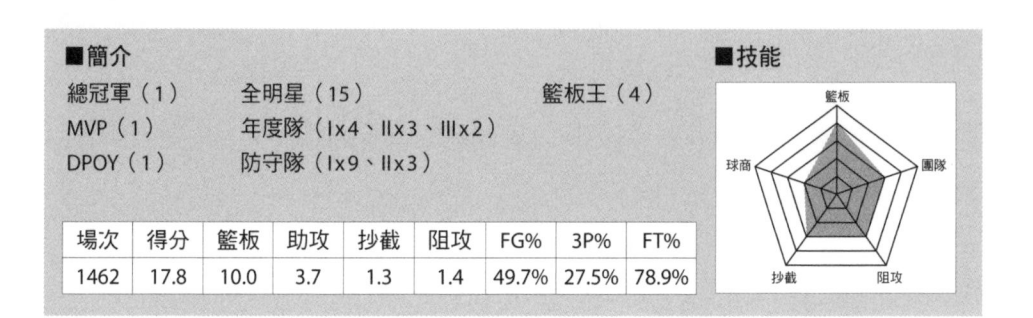

■簡介

總冠軍（1）	全明星（15）	籃板王（4）
MVP（1）	年度隊（Ix4、IIx3、IIIx2）	
DPOY（1）	防守隊（Ix9、IIx3）	

■技能

場次	得分	籃板	助攻	抄截	阻攻	FG%	3P%	FT%
1462	17.8	10.0	3.7	1.3	1.4	49.7%	27.5%	78.9%

當球隊陣中身價最高、身高近7呎的明星主將，都能拉開褲角，蹲到比一個6呎後衛還要低的高度來進行防守時，這對於一支球隊的防守精神來說，是多麼大的激勵！擁有這種防守意志的球員，便是凱文・賈奈特。

凱文・賈奈特不像一般的長人只能待在油漆區內，他有著極強的機動力。在生涯初期甚至主打小前鋒的位置，能裡能外，能控球又能助攻，成為千禧年全能前鋒的代名詞，而其在防守端的影響力，更是同時代中的頂尖存在。

凱文・賈奈特的防守意識充滿了侵略性，他不但擁有近7呎的身高及臂展，更有著極為出色的機動性，足以「跨域」協防到球場上任何一個位置。他能在禁區防守所有的侵略者，也能拉出禁區與聯盟中的頂尖後衛一對一。

擁有極佳全場觀念的凱文・賈奈特，對協防及補位亦很有心得。他的防守圈不但能掌握整個禁區，甚至整個三分線都在他的協防範圍中，並抓下每一顆透過有效協防創造出的籃板球。多數的籃板王都是只在禁區與對手廝殺，然而連續四年稱霸聯盟籃板王的凱文・賈奈特，卻是一個擁有全領域防守的球星。

從千禧年開始，凱文・賈奈特幾乎年年入選年度防守球隊，更於2004年帶領球隊打出最佳戰績，獲得了年度MVP的肯定。2008年他轉隊來到了波士頓塞爾堤克，為這支球隊塑造出鋼鐵般的防守精神與能量，不但獲得了年度最佳防守球員獎項，最終更協助球隊搶下當年的總冠軍王座。

阻斷籃板　德懷特・哈沃德

Dwight Howard ／ 2004～／中鋒／ 6'10" ／ 265lb

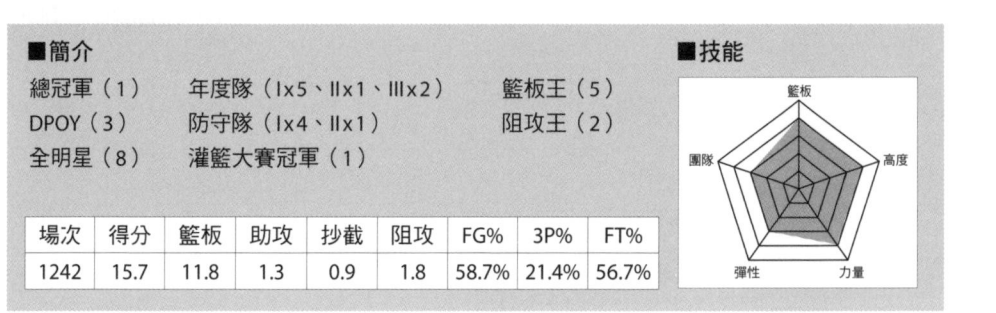

■簡介

總冠軍（1）	年度隊（Ⅰx5、Ⅱx1、Ⅲx2）	籃板王（5）
DPOY（3）	防守隊（Ⅰx4、Ⅱx1）	阻攻王（2）
全明星（8）	灌籃大賽冠軍（1）	

■技能

場次	得分	籃板	助攻	抄截	阻攻	FG%	3P%	FT%
1242	15.7	11.8	1.3	0.9	1.8	58.7%	21.4%	56.7%

德懷特・哈沃德於高中的最後一年球季中，有著平均每場8次的驚人阻攻數字！幾乎控制了整個禁區，而擁有成熟防守威力的德懷特・哈沃德，從第一個球季加入NBA聯盟開始，就已是一個擁有雙十成績的禁區悍將。相對於進攻面，防守端更是德懷特・哈沃德的傑出領域，敢拚敢搶的防守態度，搭配上粗壯的野獸身型，讓他在籃板及阻攻端一直有著傑出的表現，更成為球隊禁區中最大的防守武器。

德懷特・哈沃德曾同時包辦多季的籃板及阻攻王，在NBA的歷史上僅有五位球員能達到此一成就。他更曾連續三年獲得了年度最佳防守球員的肯定，成為當代最可怕的防守兇獸。德懷特・哈沃德的外號「魔獸」，來自他在禁區強悍的防守野性，他建構起的防守陣地，更是當代最難逾越的魔獸禁地。

五屆籃板王的德懷特・哈沃德，曾經分享過他的籃板智慧。他認為要抓下籃板球的根本就是卡位，去「阻斷」對手與籃板球的連結，而非等球彈出後才開始拚搶。

首先要做的就是，找到對位的人，壓低重心，進行強悍的身體接觸將對手擠出去，同時善用雙臂貼住對手，永遠將對手卡在自己身後。若被搶了先機失

了位置，也不放棄搶位，德懷特‧哈沃德會以假動作去拍對手的其中一側，讓對手誤判位置後，立刻從另一側卡入，占據更有利位置。

即使擁有驚人的彈跳高度及彈速，同時還具鋼筋般的肉體，德懷特‧哈沃德搶下的每一顆籃板球也絕非只靠天賦條件，作好卡位，「阻斷」每一個籃板球的競爭者，如果都做到了，那麼這顆籃板球十之八九就歸你了。

三元及第　羅素・衛斯特布魯克

Russell Westbrook ／ 2008 ~ ／控球後衛／ 6'3" ／ 200lb

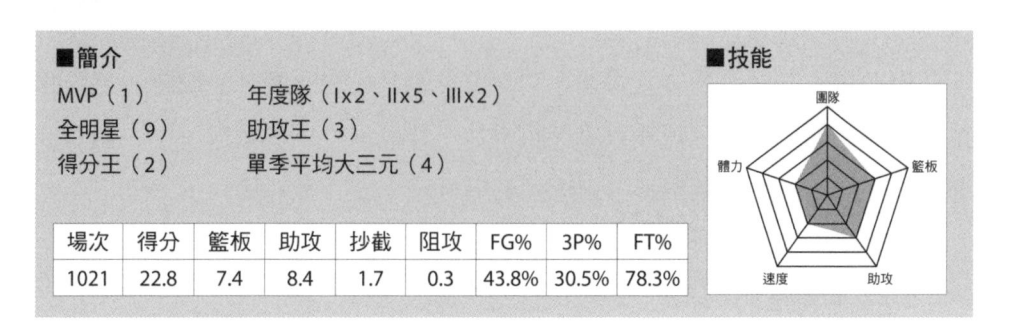

■簡介

MVP（1）　　　　　年度隊（I x2、II x5、III x2）
全明星（9）　　　　助攻王（3）
得分王（2）　　　　單季平均大三元（4）

場次	得分	籃板	助攻	抄截	阻攻	FG%	3P%	FT%
1021	22.8	7.4	8.4	1.7	0.3	43.8%	30.5%	78.3%

■技能

在籃球場上所謂的「大三元」，指的是一位球員能夠在一場比賽中，有三項正數據達到雙位數，通常是得分、籃板及助攻。而談到最擅長「三元及第」的球星，羅素・衛斯特布魯克是歷史第一人。

主打控球後衛，身高僅有6呎3吋的羅素・衛斯特布魯克，得分及助攻對他來說並不是問題，甚至還曾拿過二屆得分王及三屆助攻王的頭銜。羅素・衛斯特布魯克最讓人驚嘆的是他籃板球的創造能力，甚至比起聯盟中絕大數的內線球星搶的都還多。

羅素・衛斯特布魯克是一個擅長預測籃板落點、又會積極拚搶籃板球的後衛，再加上隨著聯盟外線出手比重的增加，長籃板的比重也愈來愈多，而只要出現長籃板，幾乎都會在羅素・衛斯特布魯克的掌握當中。

此外，對球隊來講，擁有超絕得分及助攻能力的羅素・衛斯特布魯克，只要能愈快的拿到球，就能愈快的發動進攻，因此在戰術的設計上，球隊的長人經常會主動為羅素・衛斯特布魯克作好卡位的動作，協助他更快掌握籃板球，再快速啟動球隊的進攻，達到更佳的進攻轉換效率。因為如此，讓羅素・衛斯特布魯克成為史上搶籃板效率最高的後衛球星。

2017年，他創造了單季31.6分10.7籃板10.4助攻的平均大三元紀錄，成為近五十五年來的第一人，且四個球季完成這項壯舉為史上唯一。2019年，他完成了單場20分20籃板21助攻的超級大三元，為近五十年來的第一人。2021年，他拿到了生涯第182次的大三元，正式打破了高懸長達四十七年的歷史紀錄，成為史上大三元榜中的第一人。從此之後，他的每一次「三元及第」，都會是史上一個新的里程碑。

No look pass

鮑伯・庫西

Bob Cousy ／ 1950-70 ／控球後衛／ 6'1" ／ 175lb

■簡介

總冠軍（6）	年度隊（I×10、II×2）
MVP（1）	助攻王（8）
全明星（13）	

場次	得分	籃板	助攻	抄截	阻攻	FG%	3P%	FT%
924	18.4	5.2	7.5	X	X	37.5%	X	80.3%

■技能

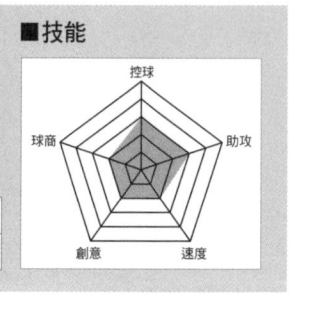

在 BAA ／ NBA 籃球發展初期的 1950 年前，控球後衛在球場上的主要任務，莫過於將球運過半場後，再把球交給最有把握的隊友出手得分，此時的控球後衛，幾乎是球場上影響力最弱的一個位置。直到 1950 年鮑伯・庫西的出現，控球後衛在球場上的角色及功能，才從此有了革命性的變化。

鮑伯・庫西被認為是籃球世界中，第一個真正的後衛巨星，他的球風奔放快速，有著優秀的控球技巧，但他真正讓人印象深刻的，卻是他卓越的全場視野及傳球功力，他曾於 1952-1960 整整八個球季，稱霸了助攻王這項領域。

鮑伯・庫西是最早使用「no look pass」的先河。過去的球員傳球前的習慣，總是會用眼睛確認再三後，再將球好好地傳到目標隊友手中。鮑伯・庫西卻好像背後長了眼睛似的，能夠在控球的行進間不必看著隊友，就能無預期地將球交到空檔隊友的手中。

同時，他也是最早使用背後傳球、後腦傳球及地板傳球的球星，這些充滿表演性及觀賞性的傳球，在當時都被認為非籃球正道。然而，在鮑伯・庫西成功將「no look pass」與球隊的勝利結合後，這些傳球招式不但成了籃球世界極為重要的一部分，更成為後代球星自我表現最重要的舞台。

鮑伯・庫西一共幫助球隊獲得了六次總冠軍，十次入選聯盟第一隊，更曾連續八年稱霸助攻王的寶座，不但是球場上的勝利者，更是一位球風的創造者，為後世控球後衛找到了全新的歷史定位。

聲東擊西 魔術強森

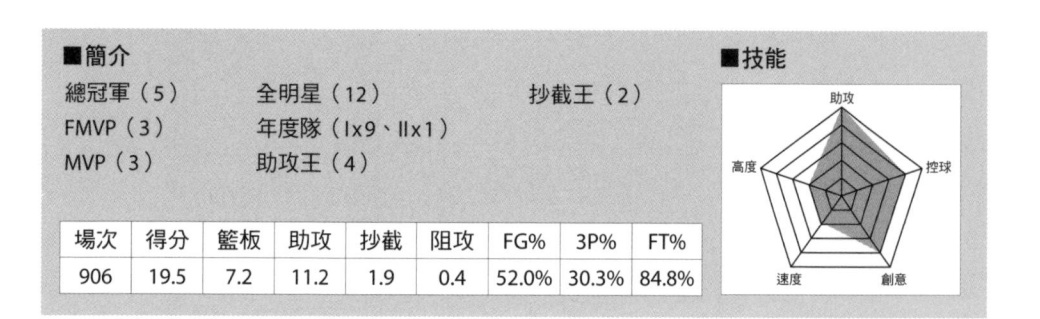

Magic Johnson ／ 1979-96 ／控球後衛／ 6'9" ／ 215lb

■簡介

總冠軍（5）	全明星（12）	抄截王（2）
FMVP（3）	年度隊（Ix9、IIx1）	
MVP（3）	助攻王（4）	

場次	得分	籃板	助攻	抄截	阻攻	FG%	3P%	FT%
906	19.5	7.2	11.2	1.9	0.4	52.0%	30.3%	84.8%

■技能

（助攻、控球、創意、速度、高度）

魔術強森對於籃球世界最偉大的貢獻，不僅僅是率領湖人隊在 1980 年代取得了五次的總冠軍，而且他還提高了整個籃球世界的可看性，把助攻這門絕學詮釋得就如同一場魔術秀一般，千變萬化、耀眼而迷人。

魔術強森以 6 呎 9 吋的身高主打控球後衛，無論是與防守者的對位上，還是組織上的全場視野，魔術強森幾乎都能掌握絕對優勢，並能夠迅速看穿對方的防守破綻，再透過他充滿表演性質的「聲東擊西」，在防守者被迷惑的當下，助攻隊友輕鬆得分。

魔術強森在發動進攻時，眼神看似盯著防守者，餘光其實已經完全掌握了其他九人的動向。在球傳出的前一刻，魔術強森會轉頭看向其中一邊欺敵，甚至連全身的動作都彷彿要將球傳過去，然而偏偏最後球總會落在防守者無法預料到的另外一邊，讓隊友能夠屢屢得分。這招聲東擊西成了當代球迷最愛的 Show Time 時間。

魔術強森的助攻技能多元，有著聲東擊西、佯傳實攻、一箭穿心等各種表演版本，且對手幾乎總是要到最後一刻才明白，究竟又是被什麼樣的助攻給攻陷陣地了。當魔術強森帶球推進時，隊友只要能夠緊緊跟上他的腳步，就能夠獲得極佳的出手機會。

魔術強森生涯平均 11.2 個助攻，到了季後賽更有著 12.35 次的平均助攻，兩項數據皆為史上第一人，再加上他頗優異的個人得分技巧，若要選出史上最偉大之控球後衛，魔術強森幾乎就是那個唯一答案。

擋切搭配　約翰・史塔克頓 & 卡爾・馬龍

John Stockton ／ 1984-2003 ／控球後衛／ 6'1" ／ 170lb
Karl Malone ／ 1985-2004 ／大前鋒／ 6'9" ／ 250lb

■簡介（約翰・史塔克頓）

全明星（10）　　年度隊（I x2、II x6、III x3）
助攻王（9）　　　防守隊（II x5）
抄截王（2）

場次	得分	籃板	助攻	抄截	阻攻	FG%	3P%	FT%
1504	13.1	2.7	10.5	2.2	0.2	51.5%	38.4%	82.6%

■技能

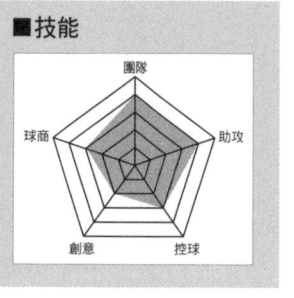

■簡介（卡爾・馬龍）

MVP（2）　　　　年度隊（I x11、II x2）
全明星（14）　　防守隊（I x3、II x1）

場次	得分	籃板	助攻	抄截	阻攻	FG%	3P%	FT%
1476	25.0	10.1	3.6	1.4	0.8	51.6%	27.4%	74.2%

■技能

「擋切搭配（Pick & Roll）」是最常被使用的籃球戰術之一，基本的原理即一個空手的隊友為持球者擋開防守者，讓持球者能夠朝空位推進，再視情況或投或傳來得分。此戰術考驗著團隊默契、傳球技巧、擋位及得分能力，缺一不可。雖然這招可說人人都會用，但能夠將它發揮到如神般的搭檔模式，莫過於猶他爵士隊的約翰・史塔克頓和卡爾・馬龍。

他們的擋切通常由卡爾・馬龍為約翰・史塔克頓單擋開始，接著約翰・史塔克頓運球往空位前進，逼迫防守者必須換防改變陣勢，此時卡爾・馬龍再抓準時機壓入清出防線破綻，約翰・史塔克頓再精準地將球送到卡爾・馬龍手上，穩穩地兩分入袋。

兩人的擋切搭配並非一成不變，而是能透過每次戰局及陣勢的不同而有所調

整。約翰・史塔克頓的傳球適時又適地，可正手可反手，可地板亦可高吊，而卡爾・馬龍可以拿到球後立刻出手，也可順勢地帶往禁區，揮出他的霸王肘後強勢取分。

兩人在猶他爵士隊合手十八載，就是這樣一個簡單的擋切搭配，讓兩人累積了不少後人難以企及的戰功及歷史紀錄。約翰・史塔克頓貴為聯盟史上的助攻王，而卡爾・馬龍亦名列前茅地高掛在得分榜上。這些助攻及得分的積累，幾乎都是由這招擋切搭配而來，而他們擋切搭配的歷史影像，早已成為這套戰術的最佳教科書。

Jason Kidd ／ 1994-2013 ／控球後衛／ 6'4" ／ 205lb

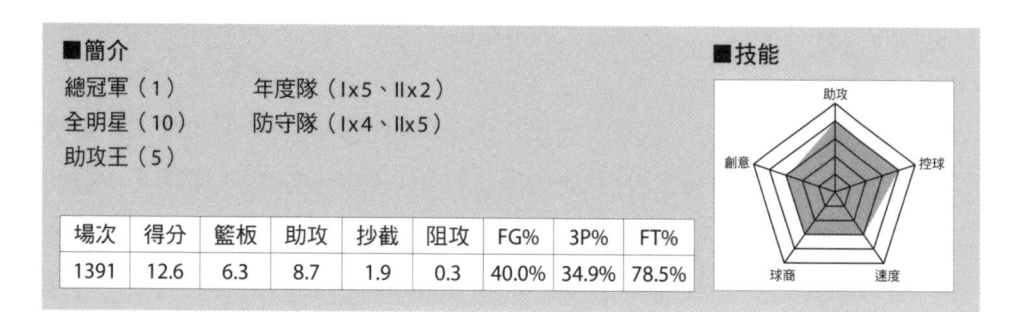

■簡介
總冠軍（1）　　　年度隊（Ix5、IIx2）
全明星（10）　　　防守隊（Ix4、IIx5）
助攻王（5）

■技能

場次	得分	籃板	助攻	抄截	阻攻	FG%	3P%	FT%
1391	12.6	6.3	8.7	1.9	0.3	40.0%	34.9%	78.5%

在籃球場上的速度，可以概分為幾種，包括第一步的爆發力、無球的跑動，以及持球推進的速度。談到持球「全場推進」的速度，傑森・基德可能是最快的一人。

每當傑森・基德在後場取得球權發動反擊時，其推進的速度實在不是一般球員所能跟上。看著他運球時的加速及換檔，中間幾乎沒有任何間隙，能在不減速的情況下不停變換方向，直接率領全隊直搗對手黃龍。

通常而言，空手跑動的速度絕對比運球時來得快。空手跑動不但不需分心控球，也不用提防對手偷襲，然而這套理所當然的道理，在傑森‧基德身上卻彷彿不存在。因為即使控著球，傑森‧基德也能幾乎不降速地往前推進。有傑森‧基德操盤的球隊，不但能以最快的速度進行攻守的轉換，更能以最快的速度展開快攻。

身為控球後衛，傑森‧基德除了是位優秀的控球及助攻手，更是一位優秀的籃板手，經常能夠在第一時間抓下籃板後，就直接發起反擊的號角，直接帶球推進，帶著全隊以最快的速度攻到對手陣地。傑森‧基德是位真正的球場領袖，不但擁有最快帶球推進的能力，更懂得如何讓隊友變得更好，為隊友找到最好的發揮空間。

當球隊想要以最快的速度推進到前場時，不用想太多，找到傑森‧基德後，趕快將球交給他就對了。

跑轟戰術　史蒂夫・奈許

Steve Nash ／ 1996-2014 ／控球後衛／ 6'3" ／ 195lb

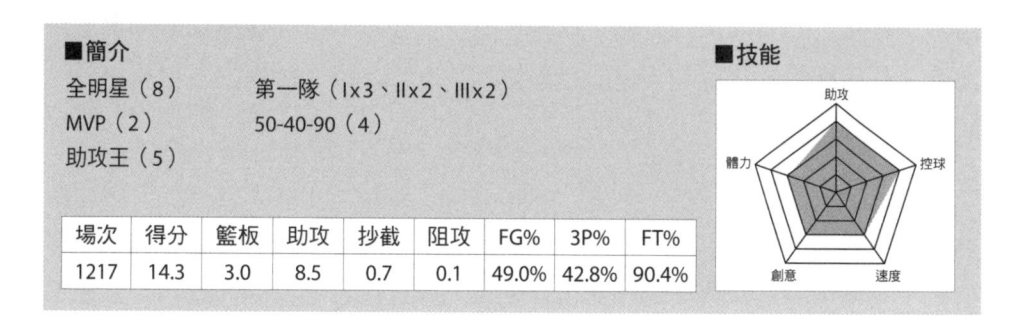

■簡介

全明星（8）　　　第一隊（I x3、II x2、III x2）
MVP（2）　　　　50-40-90（4）
助攻王（5）

場次	得分	籃板	助攻	抄截	阻攻	FG%	3P%	FT%
1217	14.3	3.0	8.5	0.7	0.1	49.0%	42.8%	90.4%

■技能

（助攻、控球、速度、創意、體力 雷達圖）

史蒂夫・奈許球風看似隨興瀟灑，卻是亂中有序，組織起來有條有序又有創造力，被認為是「跑轟戰術」的最佳執行者。

所謂的跑轟戰術，指的是讓全隊盡可能以最快速度推進到對手陣地後，再盡可能以最快的速度出手，讓防守者在立足未穩、尚未展開防線之際，進攻方就已完成進攻得分，給防守方一個措手不及。

跑轟戰術之執行，需要一名傑出的控球及助攻者，同時還需要能跑能跳、擁有優異體能的球員來進行，才能拉快全隊的進攻機動性。在2004年之前，太陽隊並不乏體能優異的年輕球員，他們缺少的，正是球隊的組織領袖。於是當2004-05球季史蒂夫・奈許來到了太陽隊後，其亂刀流又具創造力的跑轟球風，讓這支球隊有了最強的跑轟戰術指揮官。

有著極佳全場視野及助攻創意的史蒂夫・奈許，只要隊友願意全場飛奔，跑出機會，人到球即到，就有得分及展現體能的最佳機會及舞台。當時的太陽隊甚至有著「七秒戰術」，讓每一次的進攻都在七秒內完成。

史蒂夫・奈許用跑轟戰術，讓他在太陽隊贏得了兩次MVP及五次助攻王，

從此談到了「跑轟戰術」，史蒂夫・奈許絕對是人們心中的那位最佳舵手。

鬼影妙傳　傑森‧威廉斯

Jason Williams ／ 1998-2011 ／控球後衛／ 6'1" ／ 190lb

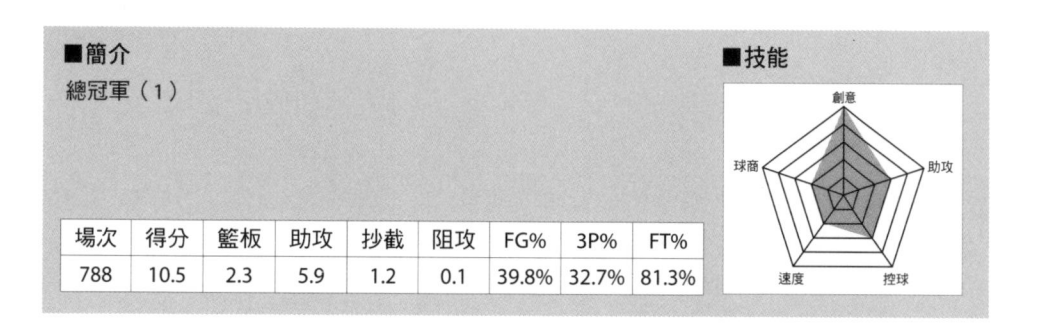

■簡介
總冠軍（1）

場次	得分	籃板	助攻	抄截	阻攻	FG%	3P%	FT%
788	10.5	2.3	5.9	1.2	0.1	39.8%	32.7%	81.3%

■技能

創意
球商　助攻
速度　控球

「一人持球，九人緊張」這個有趣的形容詞，是用來形容傑森‧威廉斯的控球風格及傳球創意。若控衛始祖鮑伯‧庫西的助攻像前衛的藝術、魔術強森的助攻像神奇的魔術、約翰‧史塔克頓的助攻像精準的手術，那麼傑森‧威廉斯的阻攻則像是種駭人的妖術，用白話一點來形容傑森‧威廉斯就是「看到鬼」。

傑森‧威廉斯的「鬼影妙傳」精妙之處，在於他的助攻不但能嚇到對手，甚至連自己的隊友都倍感驚嚇，讓人難以捉摸他究竟要用什麼奇怪的方式送出他手上的助攻球。

他能夠在一次的助攻中藏進無數個假動作，他能夠在作出傳球動作後，球卻能往不科學的反方向走。在他新人球季的全明星新秀賽中，他更秀了一手前無古人的「手肘傳球」，在作出一個犀利的背後傳球動作後，讓球撞擊到自己的另一手的手肘，使球彈到全世界都想像不到的方向去。

籃球發展已有百年歷史，因此在NBA球場上能夠變出全新籃球視野的天才並不多，然而在助攻的創意領域上，傑森‧威廉斯可能是最讓人驚艷的一人。

較可惜的是，傑森·威廉斯這些讓人瞠目結舌的鬼影妙傳，始終無法完全兌現為球隊戰績，甚至帶來居高不下的失誤率，因此在他的職業生涯後半段，就漸漸地將這些奇幻絕學給冰封。然而傑森·威廉斯鬼影妙傳所留下的畫面，早以深深地烙印在當代球迷的心中。

陣地策應 尼古拉・約柯奇

Nikola Jokic ／ 2015～ ／中鋒／ 7'0" ／ 253lb

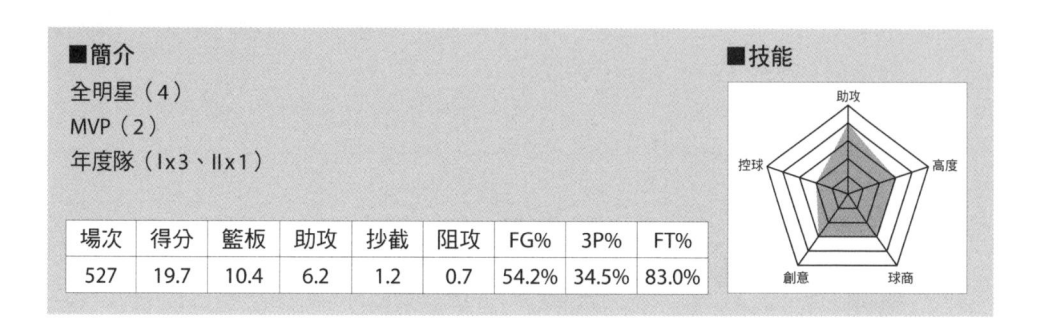

■簡介
全明星（4）
MVP（2）
年度隊（I×3、II×1）

場次	得分	籃板	助攻	抄截	阻攻	FG%	3P%	FT%
527	19.7	10.4	6.2	1.2	0.7	54.2%	34.5%	83.0%

■技能

（雷達圖：助攻、高度、球商、創意、控球）

從NBA籃球開創以來，中鋒這個位置一直被視為球場上最需要體能天賦的位置，主要的球場任務即是禁區的得分、籃板及阻攻。然而在2015年，NBA卻出現了一位擁有助攻靈魂的白人中鋒，他是尼古拉・約柯奇。

跑不快跳不高的尼古拉・約柯奇，並不是人們眼中的可造之材。在2015年的選秀會上，一直到第二輪41順位才被撿走。然而，身為中鋒的尼古拉・約柯奇卻在助攻的領域達到卓越，更以其「陣地策應」的絕技，打造MVP等級的球場主宰力。

不同於一般後衛球員的助攻風格，擁有7呎身高的尼古拉・約柯奇，能夠佇立在更靠近籃框的位置上，當他在前場陣地拿到球時，能夠以高大身材為隊友擋拆，並利用他的卓越視野、傳球創意及技巧，為跑出空檔的隊友進行即時的供輸，且傳球的路徑往往讓人意想不到。

不止在前場陣地能夠提供助攻能量，當尼古拉・約柯奇於後場抓下籃板時，只要有隊友能夠在前場找到機會，尼古拉・約柯奇就能像一個精準的四分衛，直接從後場的防守陣地，一舉將球送到前場的得分陣地中。

2020-21球季，尼古拉·約柯奇全季有著26.4分10.8籃板8.3助攻的全能數據，拿下了該季的年度MVP；2011-22球季，他更打出27.1分13.8籃板7.9助攻的高檔表現，完成了MVP二連霸。尼古拉·約柯奇不但是史上選秀順位最低的MVP，更可能是史上助攻技術最卓越的中鋒球星，其陣地策應絕技，打破了中鋒原先被認為只能仰賴體能天賦的刻板印象，開創了全新的全能中鋒球風。

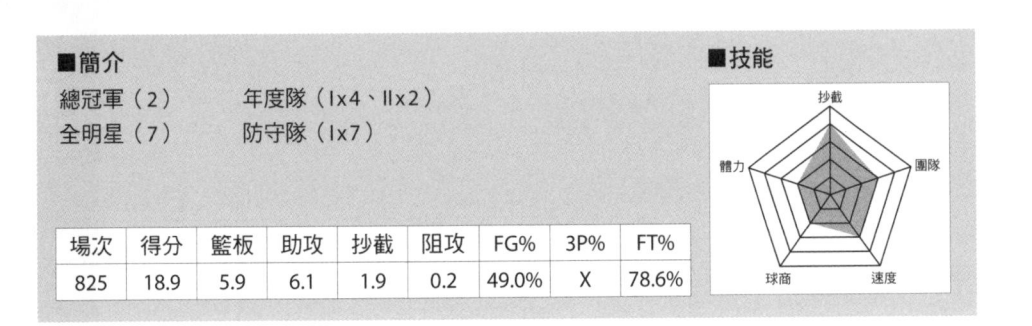

席捲盜球　華特・弗雷澤

Walt Frazier ／ 1967-80 ／控球後衛／ 6'4" ／ 200lb

■簡介

總冠軍（2）　　年度隊（Ix4、IIx2）

全明星（7）　　防守隊（Ix7）

■技能

（雷達圖：抄截、團隊、速度、球商、體力）

場次	得分	籃板	助攻	抄截	阻攻	FG%	3P%	FT%
825	18.9	5.9	6.1	1.9	0.2	49.0%	X	78.6%

紐約尼克隊能在1970年代中，掙得隊史唯二的兩次總冠軍，他們的當家控衛華特・弗雷澤絕對居功厥偉。除了在進攻端組織全隊攻勢，防守端更是核心人物，以他的「席捲盜球」絕技，串聯起全隊的強悍防線。

華特・弗雷澤擁有極為開闊的全場視野，更有著極為迅捷的手上功夫，有人形容他的手比蜥蜴的舌頭更快，搭配上其快如閃電的速度，看他盜球就像是看蜥蜴吃蒼蠅一樣，瞬間就能將持球者手上的球席捲而走。

華特・弗雷澤相當善於預判對手傳球者的傳球時機及路徑，往往能在傳球者球離開手的那一瞬間，算準腳步及時機，立刻啟動速度將球席捲盜走，並立刻發起反攻，防守者此時可能已完全失去重心，只能呆在原地望著華特・弗雷澤揚長而去，眼睜睜地看他上籃得分。

華特・弗雷澤的防守極為刁鑽，他曾在1968-75年連續獲得了最佳防守球隊的肯定，更四次入選了NBA的年度球隊。華特・弗雷澤的防守習慣並不像現在我們常見的貼身防守，而是善於引誘對手心理上的鬆懈，只要對手有極為短暫的疏忽，華特・弗雷澤就能抓住這一個瞬間，發動蜥蜴的舌頭將球席捲盜走。

1970年的總冠軍賽第七場，他一個人獨自砍下36分9助攻，最可怕的是，他不但在進攻面表現傑出，於防守時他全場飛奔繳出了五次的抄截。整場比賽華特・弗雷澤就像一陣風一樣，進攻端帶給對手壓力，防守時更席捲了對手一次次得分的希望，最終擊敗對手獲得了紐約尼克隊史的第一座總冠軍，寫下其不平凡的盜帥傳奇。

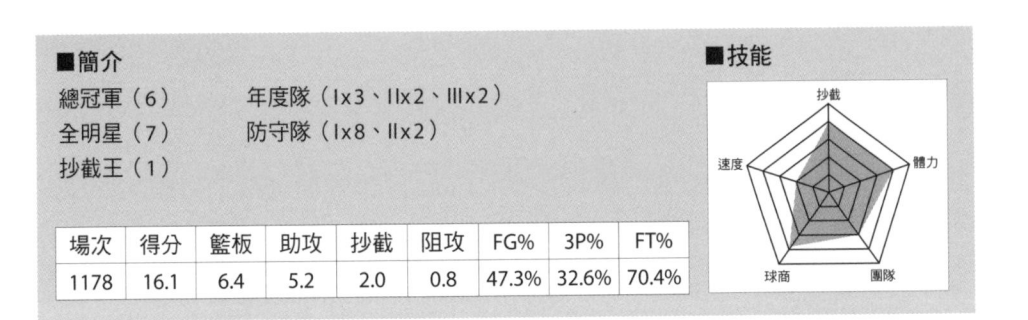

如影隨形 史考提・皮朋

Scottie Pippen ／ 1987-2004 ／小前鋒／ 6'8" ／ 210lb

■簡介

總冠軍（6）　　年度隊（Ix3、IIx2、IIIx2）
全明星（7）　　防守隊（Ix8、IIx2）
抄截王（1）

場次	得分	籃板	助攻	抄截	阻攻	FG%	3P%	FT%
1178	16.1	6.4	5.2	2.0	0.8	47.3%	32.6%	70.4%

■技能

（雷達圖：抄截、體力、團隊、球商、速度）

麥可・喬丹曾說過：「我常會覺得在球場上彷彿有另一個自己跟我一起奮戰。」麥可・喬丹口中這個另一個自己，指的正是史考提・皮朋。

當他與麥可・喬丹一起在球場上奮戰時，在進攻端史考提・皮朋可以成為球隊的控球者，負責啟動「三角戰術」並提供麥可・喬丹之外的第二火力。於防守端他可以代替麥可・喬丹，「如影隨形」地防守對手最難纏的人物。連續八年的年度防守第一隊，更肯定了其防守端的強大限制力。

1991年，芝加哥公牛隊第一次殺入了總決賽，對上的是在1980年代拿下五次總冠軍的魔術強森及湖人隊。第一場比賽由湖人隊帶走了勝利，於是第二場比賽，總教練菲爾·傑克森（Phil Jackson）便決定由史考提·皮朋來盯防對手的王牌魔術強森。

當史考提·皮朋在第二場比賽第一次對位魔術強森時，就透過如影隨形的高壓防守，讓魔術強森出現了24秒的進攻違例，之後甚至從後場發球時，史考提·皮朋都形影不離地緊咬住他，讓魔術強森連要過半場，或好好拿個球都不容易，也因此破壞掉了整支湖人隊的攻勢。

最終在史考提·皮朋成功的壓制下，芝加哥公牛隊一連取得了四連勝，拿下了他們的第一座總冠軍，也開啟了公牛隊1990年代的王朝盛世。

若沒有史考提·皮朋如影隨形的強悍防守，可能就不會有公牛隊兩次三連霸的王朝盛世。

髒話連珠　蓋瑞・裴頓

Gary Payton ／ 1990-2007 ／控球後衛／ 6'4" ／ 180lb

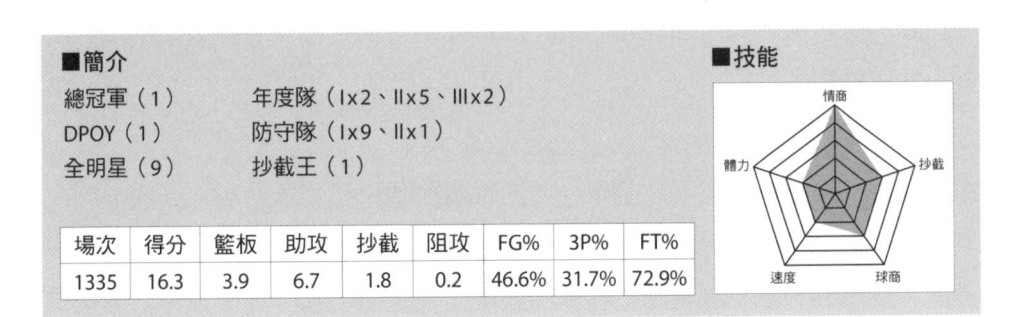

■簡介

總冠軍（1）	年度隊（Ix2、IIx5、IIIx2）
DPOY（1）	防守隊（Ix9、IIx1）
全明星（9）	抄截王（1）

場次	得分	籃板	助攻	抄截	阻攻	FG%	3P%	FT%
1335	16.3	3.9	6.7	1.8	0.2	46.6%	31.7%	72.9%

■技能

在球場上的「髒話」指的正是「垃圾話」，意指透過語言、口氣及肢體的方式，去對敵方球員進行心理上及士氣上之打擊，以破壞對手的情緒及心理狀態，達到殺人誅心、克敵致勝的目的。

在NBA歷史上不乏精通此道的高手，而說到最「表裡如一」的垃圾話高手，非蓋瑞・裴頓的「髒話連珠」莫屬。他在說垃圾話時總是喋喋不休從不消停，一場比賽打四十八分鐘，他就髒話掛嘴巴上四十八分鐘，搭配上其高傲不屑的表情，往往可以讓對手恨之入骨卻又無可奈何。

蓋瑞・裴頓可怕的是不單單嘴上功夫過人，連防守及抄截功夫都是最頂尖的存在。他曾九次入選年度最佳防守第一隊，拿過抄截王，更是史上唯一一位以控球後衛身分拿下年度最佳防守球員的球星。

他總能在對位時大殺對手一番後，再加上嘴上的垃圾話，澈底從心理及生理面都壓制住對手，殺人誅心。

「你太軟了，像大便一樣，對了，忘了告訴你，我今天拉肚子了。」

「過你就像過清晨的馬路。」

「孩子，我可以在這裡做任何我想做的事，任何事！」

有時候，與其說他的垃圾話是為了贏球，不如說蓋瑞‧裴頓根本就是享受邊講垃圾話，邊好好將對手給死守下來的快感。他曾在國際賽對其他國家的選手說：「你們國家是不是沒人了，才讓你們這種軟蛋來比賽。」而且，就有位對手曾說，蓋瑞‧裴頓大部分的垃圾話都是不能轉述的，因為太髒、太臭了。

克里斯‧保羅

Chris Paul ／ 2005～／控球後衛／ 6'0" ／ 175lb

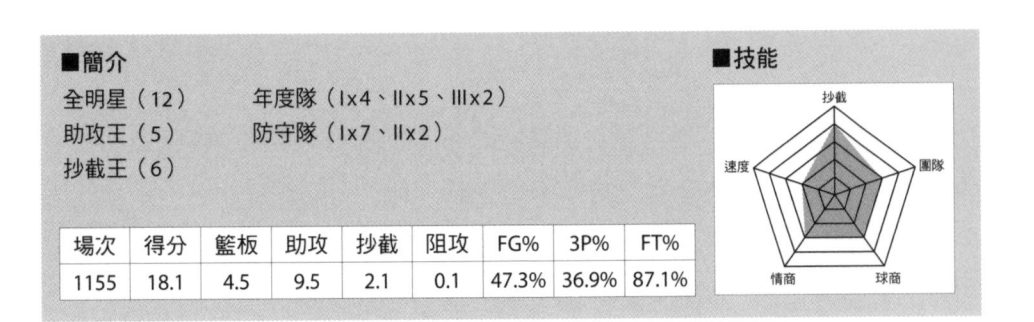

■簡介

全明星（12）　年度隊（Ⅰx4、Ⅱx5、Ⅲx2）

助攻王（5）　防守隊（Ⅰx7、Ⅱx2）

抄截王（6）

■技能

場次	得分	籃板	助攻	抄截	阻攻	FG%	3P%	FT%
1155	18.1	4.5	9.5	2.1	0.1	47.3%	36.9%	87.1%

克里斯‧保羅有著卓越的球場直覺及視野，雖然他的身材、體能並不算傑出，但卻擁有天生極佳的球場決策力。曾有球評形容克里斯‧保羅的控球智慧，就像是在閱讀移動的詩句一樣，讓人心曠神怡，他有靈活性、敏捷性及巧妙的全場掌握力，是個有腦袋的智慧型控衛。

克里斯‧保羅的控球靈性無庸置疑，然而他最容易讓人忽視卻極為致命的，卻是他的抄截能力。他在大學保有ACC聯盟的抄截紀錄，更是NBA歷史上唯一達成抄截王四連霸的球員，生涯6次抄截王更是史上第一人。抄截實力已經無庸置疑。

然而，我們可稱他的抄截為「暗箭斷球」，因為他的抄球方式就像以暗箭傷人一樣，常常在我們看不到的地方作了許多讓對手恨得牙癢癢的「小動作」。

然而，除了小動作外，克里斯‧保羅同時還是一個「陷阱大師」。他的抄截從來不是靠著速度或賭博式的防守，而是經常透過己隊防線的幾個換防跑位後，他就從所有人都想不到的地方，偷偷摸摸地從持球者意想不到、且看不見的死角中潛入，再迅速斷了這顆球。

他的抄截畫面通常沒什麼大速度大動作，也因此經常忽略了他的抄截功力，不知不覺得就累積了驚人的抄截能量。

在看似正常的防守動作中，事實上克里斯·保羅經常加入許多不為人知的小動作。這些神不知鬼不覺的防守動作，事實上在克里斯·保羅加入NBA前早已養成，而他將這些旁人難以發現的技巧帶到了NBA戰場，也成就了克里斯·保羅最新一代的抄截王傳奇。

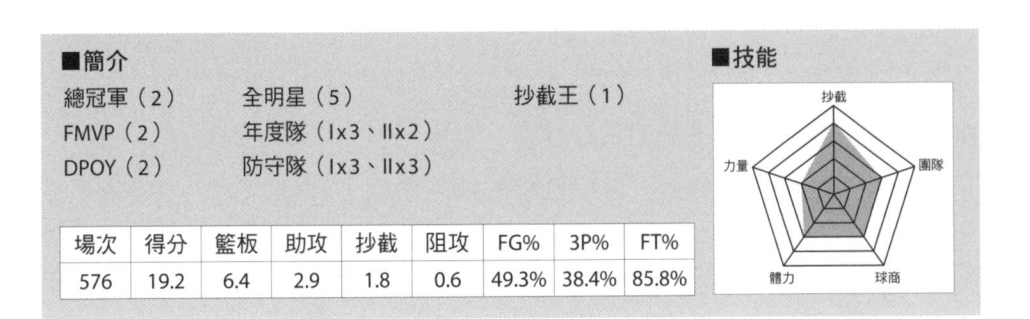

死亡纏繞　科懷·雷納德

Kawhi Leonard ／ 2011 ~ ／ 小前鋒 ／ 6'7" ／ 225lb

■簡介

總冠軍（2）	全明星（5）	抄截王（1）
FMVP（2）	年度隊（Ix3、IIx2）	
DPOY（2）	防守隊（Ix3、IIx3）	

場次	得分	籃板	助攻	抄截	阻攻	FG%	3P%	FT%
576	19.2	6.4	2.9	1.8	0.6	49.3%	38.4%	85.8%

■技能

科懷·雷納德的新秀球季在馬刺隊出發，這是一支長年爭冠的常勝軍，因此科懷·雷納德最初並無法擁有太多的球權。於是科懷·雷納德將全部的能量投入在防守上，也成功站穩了他在球隊中最早的定位。

科懷·雷納德身高6呎7吋，卻有著7呎3吋的臂展，再加上一雙不科學的大手，讓他在防守端有著過人的天賦條件。

2014年的總冠軍賽馬刺隊對上了熱火隊，科懷·雷納德就領銜負責防守對手

的王牌雷霸龍‧詹姆斯，最終他有效的鉗制了雷霸龍‧詹姆斯的破壞力，協助馬刺隊五戰封王。雖然科懷‧雷納德在這系列賽僅有17.8的平均得分，然而，憑藉著他在防守端的偉大表現，他最終獲得了FMVP的肯定。

大部分的抄截球，都是出現在進攻者傳球或是被包夾失誤時發生，然而科懷‧雷納德卻有本事在一對一的防守時，就能以他的「死亡纏繞」將進攻者掌握在他的防線中，逼迫著進攻者跌跌撞撞狼狽不堪，再抓住進攻者一瞬間的破綻，就能一把將球權給抓了過來。

對於無球者，科懷‧雷納德的死亡纏繞同樣能纏到被防守者心驚膽戰，甚至要拿到球都不太容易。科懷‧雷納德的防守直覺過人，甚至曾經作出不用眼睛看，就成功預測出在自己背後的傳球路徑，一把向後方飛撲過去，將球給斷了下來，嚇壞了在場所有的觀眾。

科懷‧雷納德的防守不單單是在守住一個球員，更是直接防住了敵隊的整個體系。科懷‧雷納德用他的死亡纏繞打下了他的防守威名，讓他成為同時代中，最讓進攻者膽寒的防守兵器之一。

天頂封蓋　喬治・麥肯

George Mikan ／ 1948-56 ／中鋒／ 6'10" ／ 245lb

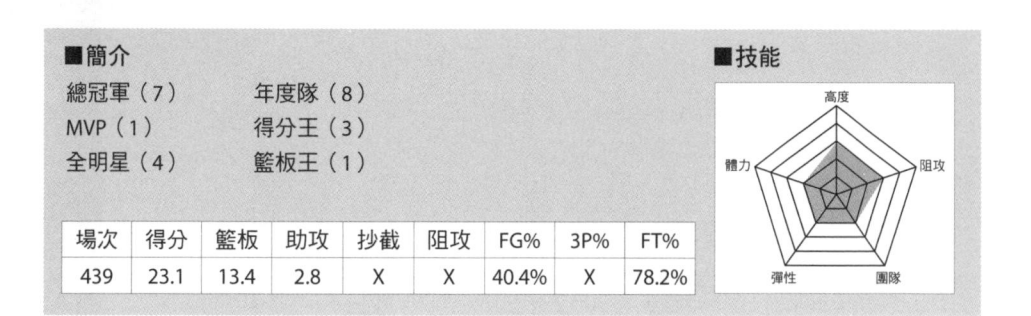

■簡介

總冠軍（7）	年度隊（8）
MVP（1）	得分王（3）
全明星（4）	籃板王（1）

場次	得分	籃板	助攻	抄截	阻攻	FG%	3P%	FT%
439	23.1	13.4	2.8	X	X	40.4%	X	78.2%

■技能

所謂的「妨礙中籃（Goaltending）」，指的是比賽中進攻方將球投出後，當球的軌跡已過了最高點開始往籃框落下，防守方若去碰觸這顆下落球，即為妨礙中籃，此球算得分。然而，事實上在最早的籃球比賽中，並沒有這項規則，因為一般的球員，並沒有如此強大的能力，可以經常做出這樣的封阻，直到喬治・麥肯的出現。

在當時的籃球比賽中，球員著重的是速度及準度，以求能更快速地得分。然而喬治・麥肯的出現，卻改變了整個籃球的世界觀。有著6呎10吋高度的喬治・麥肯，同時兼具了技巧及敏捷性，讓他在職業生涯的前九年，就橫掃了同時代所有的對手，拿下七次的總冠軍。

喬治・麥肯的進攻威力無庸置疑，曾掃下多屆得分王，然而，他最讓對手絕望的地方卻在防守端。由於早期並無妨礙中籃的規定，擁有絕對高度的喬治・麥肯在每場比賽中都可以用他的「天頂封蓋」，大量將每顆想要越過雷池的出手球從天頂封蓋而下。禁區有喬治・麥肯坐陣，就像籃框被加了蓋子一樣。

由於喬治・麥肯的天頂封蓋過於破壞比賽平衡，也因此造就了許多籃球規則

的誕生，包括禁區範圍由6呎擴大為12呎，間接促成24秒進攻時限，並在各級籃球比賽中加入了「妨礙中籃」的規則，從此天頂封蓋這招無敵絕學就此被封印。

喬治‧麥肯的天頂封蓋無疑是那個籃球時空中，最讓對手揮之不去的可怕夢魘。

比爾・羅素

Bill Russell ／ 1956-69 ／中鋒／ 6'10" ／ 215lb

■簡介

總冠軍（11）	年度隊（Ix3、IIx8）
MVP（5）	防守隊（1）
全明星（12）	籃板王（4）

■技能

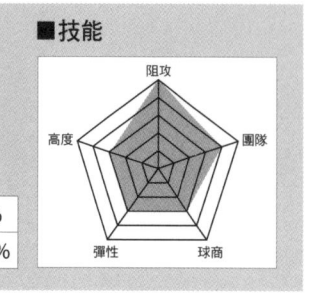

場次	得分	籃板	助攻	抄截	阻攻	FG%	3P%	FT%
963	15.1	22.5	4.3	X	X	44.0%	X	56.1%

史上最偉大的防守者，這個卓越不凡的稱號，屬於比爾・羅素！在比爾・羅素加入NBA前，籃球世界普遍認為要贏得比賽，得分是最重要的，因為籃球比賽就是在比哪一隊能拿下更多的分數，直到比爾・羅素的出現。他以阻攻及籃板等防守端的主宰力，改變了整個聯盟的生態。

比爾‧羅素並不算是一名特別高大的中鋒，但他卻擁有非常出色的身體素質，卻也不只是仰賴身體打球，更多的是靠著他的籃球智慧及臨場判斷。在防守及阻攻時，他從來不被進攻方的節奏牽著走，而是總能掌握到進攻方的下一步，再適時予以反擊。

不同於其他球員的阻攻，目標只是將球給擋下而已，比爾‧羅素的阻攻是「擋下進攻、掌握球權、發動反擊」。他總能確實掌握進攻方出手的時機，再好好地沒收這顆進攻球，更重要的，他的阻攻往往能成為球隊下一波進攻的起點。比爾‧羅素的阻攻球不是確實地自己掌握住球權，就是拍到隊友的左右，甚至直接將球轟向前場，展開第一時間的反擊。

比爾‧羅素在其NBA的十三年生涯中，靠著他的「反擊阻攻」防守，就拿下了十一次的總冠軍，更完成了八連霸的壯舉，這兩項冠軍紀錄皆為史上之最。比爾‧羅素的老對手威爾特‧張伯倫是如此評價他的：「比爾‧羅素的防守與其他球員根本在一個不同的層級，比爾‧羅素掌握了籃球的本質，從來不以蠻力競爭，而是以智慧來較量，更提供了球隊的各項所需。」

擎天攔截 馬克・伊頓

Mark Eaton ／ 1982-93 ／中鋒／ 7'4" ／ 290lb

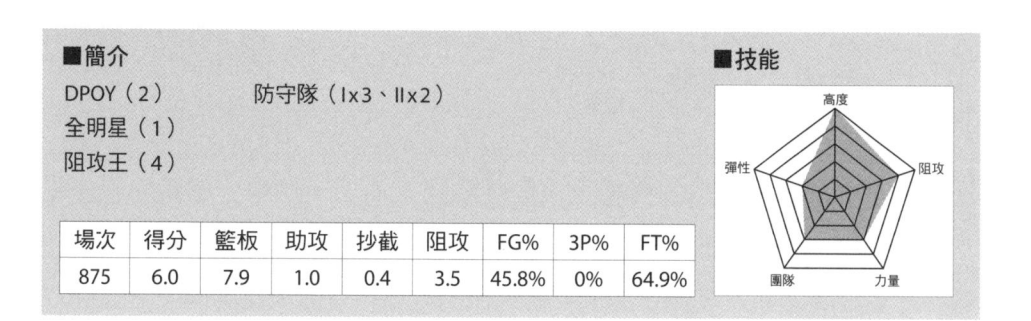

■簡介

DPOY（2）　　　防守隊（Ⅰx3、Ⅱx2）
全明星（1）
阻攻王（4）

■技能

場次	得分	籃板	助攻	抄截	阻攻	FG%	3P%	FT%
875	6.0	7.9	1.0	0.4	3.5	45.8%	0%	64.9%

在籃球場上，阻攻所帶來的威力可能是最難以被衡量的，乍看之下一兩個阻攻似乎只是幫助球隊擋下對手一兩次的進攻，實質上這一兩個阻攻所帶來的效益，恐怕遠遠大於帳面的數據。

試想，當對手禁區有一個阻攻高手時，進攻時心理就有了顧慮，只要有所顧慮出手時就會躲，躲了命中率就會下降，往往只能在一種不利的情況下出手，這就是阻攻所帶來的強大無形威力。而談到NBA史上最高效的阻攻王，正是有著「擎天攔截」的馬克・伊頓。

馬克・伊頓身高7呎4，體重逼近三百磅，是個不折不扣的球場巨人。不單單是高，更是強壯，就像一座大山一樣佇立在禁區，以擎天攔截擋下每一個誤入禁區的進攻球。馬克・伊頓的步伐雖然不靈巧，卻是步步厚重，扎實地鞏固住屬於他的禁區防線。其生涯四屆阻攻王及平均3.5次的阻攻，皆為史上第一。

1984-85球季，馬克・伊頓封下了史上最可怕的5.6次平均阻攻紀錄，史上無人能及，理所當然地摘下了該季年度最佳防守球員。

在該季的季後賽中，馬克‧伊頓對上有著強大禁區雙塔的火箭隊，兩隊交兵五場，馬克‧伊頓一個人就送出二十九次的擎天攔截阻攻，更曾一場送出十次的阻攻，等於一個人封掉了對手全隊，從此馬克‧伊頓的擎天攔截聲名大噪，讓他就此成為阻攻王的代名詞。

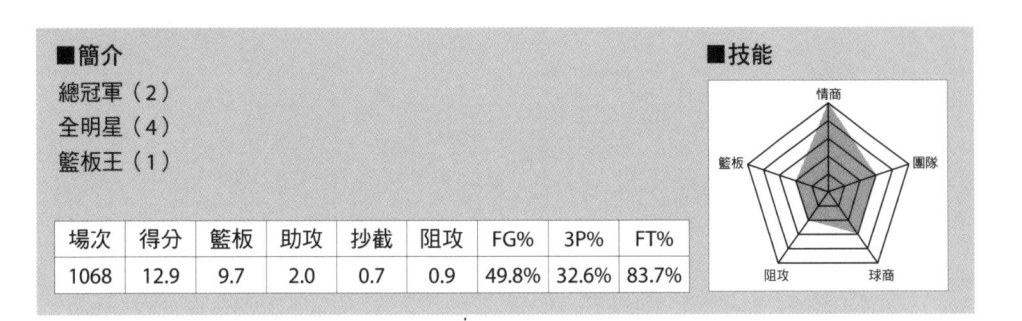

蔽日遮天　比爾・藍比爾

Bill Laimbeer ／ 1980-94 ／中鋒／ 6'11" ／ 245lb

■簡介
總冠軍（2）
全明星（4）
籃板王（1）

■技能

場次	得分	籃板	助攻	抄截	阻攻	FG%	3P%	FT%
1068	12.9	9.7	2.0	0.7	0.9	49.8%	32.6%	83.7%

1980年代末期NBA出現了一支惡名昭彰的球隊，他們的防守粗暴，無所不用其極，經常對人不對球，為了不讓對手得分就將對手給幹倒在地。他們是有著「壞孩子軍團」之稱的底特律活塞隊，而這支史上「最惡之隊」中的「最惡之人」，正是比爾・藍比爾。

比爾・藍比爾是活塞隊史的籃板王，也曾於1985-86拿過籃板王頭銜，更曾七個球季達到Double-Double的高效演出。然而，他在場上最可怕的競爭力，從來就不是靠比他人跳得高、跑得快，而是比他人更「狠」。為了擋下對手的進攻，比爾・藍比爾可以不擇手段。雖然他跑不快跳不高，然而如果你想從他手上得分，他的「蔽日遮天」往往會讓進攻者付出慘痛的代價。

對方若要強攻禁區，他可以一掌擊打在對手的鼻梁上；如果對手跳得太高，他可以一把將對手從空中拽下，甚至直接往對手的眼睛招呼，一來擋住進攻方視線，二來也讓進攻方膽寒失去平常心。如果你想殺入有比爾・藍比爾在的禁區，你必須夠帶種，因為為了這兩分，你可能必須付出極為慘痛的代價。

魔術強森就曾說：「很奇怪的一件事，當你看到比爾・藍比爾站在籃下並擺

出冷冰冰的表情時，你往往就失去了上籃的勇氣，因為沒有人想為了兩分而報銷整個生涯。」

談到史上「最惡之人」的「最惡之技」，比爾·藍比爾的「蔽日遮天」絕對是名列榜首。

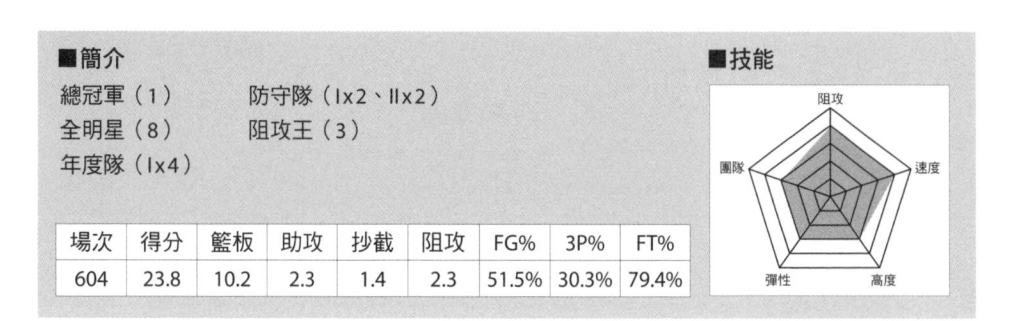

追魂阻攻 安東尼・戴維斯

Anthony Davis ／ 2012~／大前鋒／ 6'10" ／ 253lb

■簡介

總冠軍（1）	防守隊（Ix2、IIx2）
全明星（8）	阻攻王（3）
年度隊（Ix4）	

■技能

場次	得分	籃板	助攻	抄截	阻攻	FG%	3P%	FT%
604	23.8	10.2	2.3	1.4	2.3	51.5%	30.3%	79.4%

在NBA的歷史中，阻攻王的獎項於1973-74球季開始頒定，而在將近四十七屆的阻攻王榜單中，就有四十一屆的阻攻王是由中鋒球員所獲得，僅有六屆的阻攻王出於非中鋒球員之手，而主打大前鋒的安東尼・戴維斯則拿下了其中的三屆。

大部分的阻攻王在進行阻攻時，仰賴的多是絕對高度及力量，所以多數的阻攻王皆為中鋒球員。不同於一般阻攻手經常坐陣禁區等候各方好漢來挑戰，擁有超出一般長人速度及敏捷性的安東尼・戴維斯，更經常出現的是「追魂式」的阻攻。

所謂「追魂鍋」，指的是將原先不在自己範圍的進攻球，透過速度及抓準時機，追上進攻方，把球給封阻而下。要作到這樣的阻攻，高度、彈性、速度及時機的掌握缺一不可，而安東尼・戴維斯具備了所有一切的條件。

他能夠從後場去追擊對方的快攻球員，再抓準快攻球員出手的瞬間，用追魂鍋將進攻球直接釘在籃板上；他也能夠在區域聯防時，若隊友失去防守位置，即迅速從另一邊竄出補上一記阻攻。

根據統計，在6呎內安東尼・戴維斯的防守能讓進攻方命中率下降近12%，他甚至曾經於2018年自己的生日當天，拿下了極為罕見的20分11籃板10阻攻的「阻攻大三元」。歷史上並不乏偉大的阻攻王，但談到速度最快、最善於送出追魂鍋的阻攻王，安東尼・戴維斯絕對名列前茅。

NBA 絕殺 75 式

用圖看懂改變 NBA 的偉大球員和其神技的精采瞬間

作者	紀坪
繪者	黃敬中
主編	劉偉嘉
校對	魏秋綢
排版	謝宜欣
封面	萬勝安
社長	郭重興
發行人兼出版總監	曾大福
出版	真文化／遠足文化事業股份有限公司
發行	遠足文化事業股份有限公司
地址	231 新北市新店區民權路 108 之 2 號 9 樓
電話	02-22181417
傳真	02-22181009
Email	service@bookrep.com.tw
郵撥帳號	19504465 遠足文化事業股份有限公司
客服專線	0800221029
法律顧問	華陽國際專利商標事務所　蘇文生律師
印刷	成陽印刷股份有限公司
初版	2022 年 10 月
定價	380 元
ISBN	978-626-95954-8-8

國家圖書館出版品預行編目 (CIP) 資料

NBA 絕殺 75 式：用圖看懂改變 NBA 的偉大球員和其神技的精采瞬間／紀坪作；黃敬中繪圖 .-- 初版 .-- 新北市：真文化出版，遠足文化事業股份有限公司發行, 2022.10
面；公分 --（認真生活；12）
ISBN 978-626-95954-8-8（平裝）
1. CST: 職業籃球 2. CST: 運動員 3. CST: 傳記
528.952 111014621